ELO

«Desde la primera frase vulnerable, el mensaje sincero del doctor Parrott no solo te empujará a ser una persona mejor, sino que te mostrará exactamente cómo hacerlo. ¡Increíble!».

—Dave Ramsey, autor *best seller* y presentador de radio

«El doctor Parrott descorre las cortinas de las ideas equivocadas para revelar que amar como Jesús es más posible y más factible de lo que jamás habríamos imaginado. Este libro cambiará positivamente la manera como interactúas con los demás».

—El doctor David Jeremiah, fundador y presidente de
Turning Point y pastor principal de la iglesia Shadow
Mountain Community en El Cajón, CA

«Con una sólida base en trabajos de investigación y en la comprensión de la Biblia, *Un amor como ese* revela el modelo de amor en las relaciones que profesaba Jesucristo hacia los demás de forma clara y práctica. Si eres como yo, disfrutarás mucho con su lectura».

Judah Smith, autor *best seller* de *Jesús es* _____

«Marcado por su sinceridad y su sentido práctico, este libro está dirigido a todo aquel que quiera amar como Jesús pero que nunca creyó que fuera posible. Personalmente, creo que leer este libro me ha beneficiado mucho, y a ti también te ocurrirá lo mismo».

—Lysa TerKeurst, presidenta del ministerio Proverbs 31
y autora *best seller* de *Sin invitación*

«Con una increíble combinación de ciencias sociales contemporáneas y un profundo conocimiento de las Escrituras, la forma de escribir de Les Parrott te ayudará a ver más allá de lo que te tentaría a conformarte con menos. Y te mostrará el camino, paso a paso, para alcanzar los tipos de relaciones que todos anhelamos para nuestras vidas».

—Lee Strobel, autor *best seller* del *New York Times*

«Me encanta este libro. Cada capítulo es un paso más en el aprendizaje de lo que significa amar como Jesús. No dejes escapar el mensaje del doctor Parrott en *Un amor como ese*. Transformará realmente todas tus relaciones».

—Christine Caine, fundadora de A21 y Propel Women

«*Un amor como ese* transformará el modo en que te relacionas con las personas en tu vida. Apoyándose en la sabiduría de la Biblia y en su experiencia como psicólogo talentoso, el doctor Les Parrott proporciona en este libro un mapa de relaciones para que puedas reflejar el amor de Jesús en cada interacción con los demás. Profundamente alentador e increíblemente práctico, este libro te servirá como inspiración para amar a los demás tal y como Jesús te ama a ti».

—Chris Hodges, pastor principal de Church of the
Highlands y autor de *Fresh Air* y *The Daniel Dilemma*

«Les Parrott hace un espléndido regalo a todo seguidor de Cristo con este libro: un mapa práctico para caminar en los pasos de Jesús. Este libro revolucionará la forma en que te relacionas con los demás».

—Mark Batterson, autor *best seller* según el *New York Times* de *Sé un hacedor de círculos* y pastor principal de National Community Church

«Les Parrott se atreve a escribir sobre el amor más desafiante de todos: el amor que vivió Jesús. Lee este libro, y verás cómo una hazaña aparentemente imposible se vuelve más y más obtenible».

—Josh D. McDowell, autor y conferencista

«Si estás buscando el camino para llegar a ser la mejor persona que puedas ser, para amar a los demás en tu vida como nunca antes lo habías hecho, tienes que leer *Un amor como ese*. Te cambiará la vida».

—Chad Veach, pastor principal de la iglesia Zoe de Los Ángeles, CA

«¿Quién debería leer este libro? Todo aquel que quiera relaciones más llenas de amor, más sanas y mucho mejores. Punto».

—Rich Wilkerson, pastor principal de la Iglesia Trinity, Miami, FL

«Este libro increíble te brinda un esquema práctico y asequible que transformará la forma en que te relacionas con los demás. Tus relaciones nunca serán como antes».

—Bob Goff, autor *best seller* de *El amor hace*

«Les Parrott ha hecho lo que parece casi imposible para muchos de nosotros —amar como Jesús— más factible que nunca. Este libro no solo te muestra qué hacer, sino que te ofrece también el conocimiento para hacerlo realmente».

—Jefferson Bethke, autor best seller de *Jesus>Religion*

«Por su naturaleza, los libros a menudo nos desafían a pensar de la forma correcta, pero *Un amor como ese* va un paso más allá: es un llamamiento a vivir de forma correcta, como lo hacía Jesús. Este es el doctor Les Parrott en su mejor forma, capaz de mezclar los mejores trabajos de investigación en psicología con un formidable conocimiento de las Escrituras para ofrecernos un modelo inspirador y totalmente factible para parecernos más a Jesucristo. Perfecto para el estudio individual o en grupo».

—Gary Thomas, autor de *Matrimonio sagrado*

«En su nuevo libro, *Un amor como ese*, el doctor Parrott descorre las cortinas y nos muestra que amar como Jesús no solo es posible, sino que es más factible de lo que puedas imaginar. Recibirás lecciones desafiantes de la vida real que realmente harán una diferencia en la forma en cómo interactúas con las personas a tu alrededor».

—Craig Groeschel, pastor de Life.Church y autor de *La dirección divina*

«Este es un libro hermoso, reflexivo y lleno de esperanza: que podemos amar como Jesús. Amar audazmente, y amar con sabiduría no es solo nuestro deseo más profundo, ¡sino que está a nuestro alcance! ¡Quiero lograrlo ahora más que nunca!».

—John Eldredge, autor *best seller* de *Salvaje de corazón*

«Todos nos beneficiaríamos significativamente de amar más como Jesús, y en su nuevo libro, *Un amor como ese*, Les Parrott hace un excelente trabajo al enseñarnos cómo lograrlo. Encontré su libro perspicaz y convincente, especialmente en nuestra cultura actual. Si todos fuéramos a tratar a los demás como él lo describe, de una manera más atenta, accesible, gentil, audaz y empática, no solo veríamos una transformación en nuestras propias vidas y relaciones, sino que estoy convencido de que también seríamos testigos de un despertar espiritual en nuestras comunidades. Tenemos que volver a relacionarnos con los demás y comunicarnos el mensaje del evangelio con un amor tan asombroso, bíblico, y empoderado por Cristo».

—El doctor Charles Stanley, pastor principal de la Primera Iglesia Bautista Atlanta y fundador y presidente de Ministerios En Contacto

UN
AMOR
COMO
ESE

TAMBIÉN DE LES PARROTT

DR. LES PARROTT

Autor *best seller* del *New York Times*

UN AMOR COMO ESE

5 secretos relacionales dados por Jesús

GRUPO NELSON
Una división de Thomas Nelson Publishers
Desde 1798

NASHVILLE   MÉXICO DF.   RÍO DE JANEIRO

Editora en Jefe: *Graciela Lelli*
Traducción: *Ana Belén Fletes Valera*
Adaptación del diseño al español: *Grupo Nivel Uno, Inc.*

ISBN: 978-1-41859-954-6
Impreso en Estados Unidos de América
18 19 20 21 22 LSC 9 8 7 6 5 4 3 2 1

A John y Jackson.
Dos niños que me han inspirado para amar con
«un amor como ese» con todo mi corazón.
Estoy asombrado de su dedicación para seguir a
Jesús y les amo más de lo que nunca sabrán.

Y lleven una vida de amor, así como Cristo nos amó y se entregó por nosotros como ofrenda y sacrificio fragante para Dios.

—Efesios 5.2

CONTENIDO

¿AMAR COMO JESÚS?

Ámense los unos a los otros como yo los he
amado. Esta es la mejor manera de amar.

—Jesús

No soy un poeta sentimental. No soy un idealista con intención de agradar a todo el mundo. Mi vida la rigen la ambición máxima y el egoísmo. Soy impaciente y a veces inseguro. Maniobro para conseguir una posición y me gustan los privilegios exclusivos. Puedo ser crítico, insensible, mezquino y rencoroso. Ah, y también puedo ser grosero y tacaño.

Y así y todo quiero amar como lo hizo Jesús.

¿Por qué? Porque sé que es la mejor manera de vivir. Cuando amamos como lo hacía él, es como si nos sacaran de nosotros mismos. Nos despojamos del egoísmo. Nos volvemos menos críticos. El tipo de amor de Jesús ve más allá de los límites de la visión humana, superando los muros del resentimiento y las barreras de la traición. Al amar como lo hacía Jesús, nos colocamos por encima de exigencias mezquinas y pretenciosas actitudes de superioridad. Permitimos que nuestras inquietudes se atenúen y nos relajamos hasta convertirnos en pura bondad.

Pero, sobre todo, el modelo de amor que proclamaba Jesús nos impulsa a trascender la persona que nos resignamos a ser como individuos y en nuestras relaciones con los demás. Ese modelo de amor nos asegura que estamos viviendo la vida de la mejor manera posible, «un camino más excelente».

Yo quiero amar así.

Hacerse real

Pero ¿puede la gente normal amar *de verdad* como lo hacía Jesús? Lo cierto es que subió el listón del amor hasta alcanzar cotas inalcanzables. ¿Amar a tus enemigos? ¿Dar el siguiente paso? ¿Poner la otra mejilla? ¿En serio? Esta clase de amor está fuera de toda lógica, ¿no te parece?

Por supuesto.

Y esa es la cuestión. El amor divino desafía la lógica. Apunta directo al corazón. Y, tal como me dispongo a demostrar, ahí es donde encontramos su formidable secreto. Pero no despreciemos tan rápidamente nuestra capacidad cognitiva en lo que respecta al amor extraordinario.

Todos hemos oído que ni siquiera los superordenadores más avanzados pueden compararse con el cerebro humano. Para poder compararse con el cerebro humano, un ordenador tendría que ser capaz de realizar más de treinta y ocho mil trillones de operaciones por segundo. Al lado de nuestro cerebro, los ordenadores son meros juguetes de construcción para niños.

Afirmar que el cerebro humano es asombroso es quedarse muy corto. Comprender cómo funciona el cerebro de verdad aún está lejos. Pero la verdad es que el cerebro humano es un juego de niños comparado con la intangible mente humana. «La mente es su propio lugar, y puede en sí misma / hacer un cielo del infierno, y un infierno del cielo», decía el poeta inglés John Milton. Los científicos han conseguido trazar el mapa del cerebro con bastante precisión, pero aún les queda mucho para entender las complejidades de la mente.

Para empezar, no se puede hacer una radiografía de la mente. Va mucho más allá de una ubicación física. El filósofo francés René Descartes declaró que aunque pudiera habitar el cerebro, la mente era algo inmaterial, separado por completo de los tejidos físicos que tenemos dentro de la cabeza. A Descartes debemos también una de las citas más famosas de la historia: «Pienso, luego existo». Lo que quería decir era que la conciencia es la única prueba concluyente de que existimos realmente. La Biblia lo dijo antes en realidad: «Pues como él piensa en su interior, así es él». La mente es sabia. Deja a científicos y filósofos mucho en que pensar.

Lo que los científicos *sí* saben sobre la mente es que constituye una parte intensamente íntima de cada individuo. Nadie puede acceder a la parte intuitiva y racional del individuo excepto el propio individuo. Nadie puede «saber lo que piensas» a menos que tú se lo cuentes. La mente alberga las señas de identidad del individuo. La mente es sinónimo de lo que piensas. De este modo, «tomamos decisiones» o «cambiamos de opinión» o «dudamos de las cosas». De hecho, a veces se dice que la mente es lo que el cerebro hace. En una palabra, la mente piensa.

Y ahora la buena noticia: para amar como lo hizo Jesús no es necesario que pongamos la mente en punto muerto y dejemos a un lado el escepticismo o el pensamiento crítico. Y desde luego no es necesario que dejemos nuestra actividad en suspenso. Ni mucho menos. Como dijo Oswald Chambers: «El pensamiento cristiano es inusual y complejo; parece que muchas personas no son conscientes de que el primer mandamiento según nuestro Señor dice "Amarás al Señor tu Dios con todo tu corazón, con toda tu alma y con todas tus fuerzas"».

De manera que en lo que se refiere a la manera aparentemente irracional en que Jesús amaba a los demás tenemos que ser sinceros, intuitivos, analíticos y sensatos. Tenemos que reconocer que, sencillamente, no tiene sentido.

Bueno, no tanto. En realidad, no tiene sentido, pero *solo* si utilizamos la mente únicamente.

El quid de la cuestión

Según lees las palabras que están en esta página, tu cerebro está enviando impulsos eléctricos a través de una red formada por células tan pequeñas que cabrían miles de ellas en el punto que cierra esta oración. Pero estos impulsos no son exclusivos del cerebro. Resulta que el corazón también es esencial en el proceso del razonamiento.

Hasta la década de los noventa del siglo pasado, los científicos pensaban que el cerebro era el único que enviaba información al corazón, pero ahora sabemos que se trata de un proceso que funciona en las dos direcciones. El corazón se comunica físicamente con el cerebro mediante un complejo sistema nervioso de neuronas, neurotransmisores, proteínas y otras células de apoyo. De hecho, el pulso del corazón es en realidad como una ola de presión sanguínea que llega a todas y cada una de las células del cerebro para aportarles energía, lo que influye en las emociones y otras actividades como la atención, la percepción, la memoria y la resolución de problemas.

Por eso, expresiones como «ojos que no ven, corazón que no siente», «abre tu corazón» o «adonde el corazón se inclina, el pie camina» van más allá de la mera simbología. Presentan una conexión más profunda que el pensamiento racional. Resuenan con más fuerza que nuestros pensamientos.

La inteligencia por sí sola, sin implicación del corazón, puede ser peligrosa. Corremos el riesgo de convertirnos en seres «sin corazón» o tener el corazón de piedra. Es lo que quería decir Antoine de Saint-Exupéry al afirmar: «Pero los ojos son ciegos. Tienes que mirar con el corazón».

Sin el corazón, no podemos hablar de comprensión real. Sin el corazón, no somos capaces de amar como Jesús.

La cuestión es la siguiente: si buscamos ese amor de alto nivel únicamente a través de la mente, sin mirar en nuestro corazón, amar como Jesús se convierte en una pesada obligación. Observar el hecho de amar como Jesús únicamente desde el punto de vista de la razón resulta frustrante. El desgaste espiritual es incontrolable. Si tratamos de amar como Jesús pensando con la cabeza y sin el corazón, Jesús pasa a ser únicamente un modelo a seguir. El amor se convierte en una lista de tareas pendientes.

Aunque no todo es malo. Jesús es más que un modelo. Es una fuerza que recibir con los brazos abiertos. Cuando recibimos el amor de Jesús con el corazón, cuando nos abrimos para aceptar su amor una y otra vez, el secreto de amar como él se nos revela. En el momento en que abrimos el corazón para comunicarnos con la cabeza, el amor deja de ser una obligación para ser una fuerza empoderadora. Y nuestras relaciones comienzan a recoger los frutos.

Así que para amar como Jesús tenemos que pensar y también sentir. Tenemos que escuchar a la razón y también a las emociones. Tenemos que dejar que la cabeza y el corazón trabajen juntos. Es la única forma de incorporar ese amor perfecto a nuestras vidas imperfectas.

La esencia del mensaje es que cuando abrimos el corazón, el amor nos cambia la mente. Deja que el mensaje cale. Es posible que la mente se dé media vuelta al recibir un impulso divino del corazón. Es posible que la mente se transforme cuando «escuche» a tu corazón. Dejar que tu corazón tome parte en la conversación será una revolución para tu forma de pensar. A esto se refería Pablo cuando decía «[...] sean transformados mediante la renovación de su mente».

Si lo único que buscas es un amor razonable, dejarás pasar un amor extraordinario. Dejarás pasar el poder de encontrar un amor que no sabías que pudieras experimentar.

A mí también me cuesta

Quiero amar como Jesús y tú también. O no habrías elegido este libro. Tú y yo sabemos que amar como Jesús es la mejor manera de vivir. Y justo por eso estamos conectados.

Si estuviéramos sentados a la mesa de tu cocina ahora mismo y te preguntara qué te llevó a elegir este libro, imagino que, si te sintieras seguro, en cuestión de minutos me hablarías del desafío que supone amar a los que te rodean (familiares, amigos, compañeros de trabajo, incluso desconocidos). Entonces yo dejaría escapar un suspiro de alivio al saber que eres como yo. Que me identifico contigo.

Lamentablemente, un libro es una conversación de un único sentido. De modo que permíteme que responda a esas primeras preguntas que imagino que me harías nada más empezar a conversar. La primera, ¿por qué he escrito este libro?

Llevo mucho tiempo inmerso en una larga búsqueda, décadas en realidad. Quería saber qué efecto tendría un modelo de amor ideal en mi vida imperfecta. ¿Cómo puede un amor generoso abrirse camino en mi egoísta forma de vida? En mi búsqueda he encontrado respuestas que ahora me siento empujado a compartir. He escrito este libro para todos aquellos que sienten que han fracasado al intentar amar como Jesús y aún así siguen intentándolo.

Es posible que también te preguntes quién soy yo para escribir un libro con un tema que apunta tan alto. Bueno, tienes que saber que no escribo como un teólogo o un pastor, aunque, si te soy sincero, tengo un título avanzado en Teología. No escribo como estudioso de la Biblia que lo sabe todo sobre Jesús, a pesar de haber viajado a Israel y recorrido las calles que este recorrió. Ni siquiera escribo como un sociólogo, a pesar de ser psicólogo, investigador y profesor universitario.

No. Escribo principalmente en calidad de alguien que se esfuerza mucho y a menudo también siente que fracasa cada vez que se cae para volver a levantarse siguiendo los pasos de Jesús. No tengo la clave. No he descifrado ningún código ancestral y misterioso. Pero mi búsqueda sincera me ha conducido hasta un mensaje que quiero compartir contigo. Por eso he escrito este libro.

Mi esperanza para ti

Una de mis mayores preocupaciones al escribir este libro es que puedas sentir que amar como lo hizo Jesús significa comportarse como un felpudo. Un pusilánime. Es un error de interpretación bastante habitual. Y no es cierto. Como tampoco lo es el hecho de que cuando amas como Jesús te pierdes toda la diversión. Hay personas que piensan que amar como Jesús significa sacrificar la felicidad. Piensan que todo es abnegación. Que aplasta la alegría de vivir. Pues se equivocan.

Dios nos diseñó para que sintiéramos el intenso deseo de encontrar la felicidad. Lo llevamos dentro. Está en nuestro ADN. Dios quiere que seamos felices. Pero con frecuencia ocurre que lo que creemos que nos hará felices, que nos proporcionará una dicha permanente, no lo hace. De hecho, el principal escollo para lograr la verdadera felicidad es nuestra propensión a conformarnos con deplorables placeres. Nos hemos acostumbrado a esos placeres pobres y efímeros que la felicidad más honda pasa desapercibida.

Es una ley psicológica fundamental: cuando ayudamos a los demás, recibimos una recompensa inmediata.

George Burton Adams, educador e historiador americano, lo explicó muy bien: «Fíjate en lo bien que te sientes cuando animas a alguien a hacer algo. No hace falta más argumento para convencerte de que uno no debería dejar pasar la oportunidad de dar ánimos [a los que te rodean]». Las palabras de Ralph Waldo Emerson contenían un mensaje parecido: «[...] ningún hombre puede tratar de ayudar a otro sinceramente sin ayudarse él mismo». Y no podía estar más acertado. Cuando nos liberamos de nuestros deseos egoístas, cuando cejamos en nuestro empeño de salirnos con la nuestra, nos convertimos en seres benevolentes. Cada acto de bondad mejora nuestras relaciones con los demás. Cada acto de amor generoso nos hace crecer como personas.

Numerosos estudios han llegado a la conclusión de que la capacidad de mostrar aprecio y amor hacia los demás es justamente lo que *define* la felicidad de los seres humanos. Cuando las personas profesan un amor generoso haciendo algo extraordinariamente positivo, utilizan funciones cerebrales superiores y desencadenan una serie de reacciones neuroquímicas que provocan emociones positivas.

Puede que te estés preguntando si esta clase de felicidad se desencadena con la misma facilidad cuando nos divertimos que cuando realizamos actos de amor generoso hacia los demás. Martin Seligman, de la Universidad de Pensilvaia, se hizo la misma pregunta.

Así que propuso a sus alumnos el siguiente ejercicio: realizar una actividad que les resultara agradable y placentera, y otra de carácter filantrópico, y que escribieran sobre ambas. Resulta que actividades «agradables y placenteras» como salir por ahí con amigos, ver una película o tomar un postre delicioso se quedaban en nada si se comparaban con los efectos de realizar actos de amor. Seligman afirmó que «cuando nuestros actos filantrópicos eran espontáneos... teníamos un día mejor». Él prosigue y dice que el amor generoso no va acompañado de un río de emociones positivas divisible, sino que «requiere un compromiso absoluto y la pérdida de la autoconciencia». El tiempo se detiene cuando echamos una mano a alguien, ayudamos a alguien que está sufriendo u ofrecemos un oído atento.

Es imposible desarrollar una personalidad equilibrada o llevar una vida útil a menos que aprendamos a amar a los demás sin pensar en el beneficio personal. Y precisamente de esta capacidad es de lo que depende que tengamos una vida feliz. Sin un espíritu generoso, una actitud bondadosa y una forma de pensar civilizada, la vida sería un lugar oscuro.

Te lo diré de un modo más claro. Hasta que no lleves una vida de amor —tal como la diseñó Jesús—, no serás verdaderamente feliz. La satisfacción eterna nos eludirá a menos que honremos la ley del amor. De modo que tengo la esperanza de que al leer este libro encuentres la fuente de la felicidad más honda y duradera del planeta: amar como lo hizo Jesús. Cada uno de los cinco capítulos que lo componen enseña actos poco conocidos que Jesús nos regaló por el mero hecho de hacerlo. Yo los llamo «secretos» porque son relativamente desconocidos. Se ejecutan un poco de tapadillo. La mayoría de las veces, la mayoría de la gente no es consciente de que es posible realizar estos actos de amor porque asociamos la idea de amar como Jesús únicamente con el sacrificio. O atribuimos estos comportamientos de amor a actos propios de los santos, reservados para aquellos que llevan una vida casi monacal o en clausura. Y eso es un error.

Amar como Jesús puede ser una realidad diaria para todo aquel que lo quiera. Los cinco capítulos de este libro son un ejercicio práctico de conductas diarias que no requieren renunciar a la diversión. Te lo repetiré una vez más: amar como Jesús no significa convertirse en un ñoño o un santurrón al que todos pisotean. Amar como Jesús es el verdadero secreto para disfrutar de relaciones satisfactorias.

Mi promesa para ti

También quiero que sepas por encima de todo que soy optimista con respecto a nosotros, a ti y a mí. Creo que todos podemos acercarnos más a la forma de amar de Jesús. ¿Y por qué? Porque esa clase de amor no es esquiva. No es una promesa vacía. No está fuera de nuestro alcance ni es algo relegado a esos santos intocables. Es real. Jesús nos proporciona ejemplos prácticos de cómo amar de formas extraordinarias. Y es muy probable que estés más cerca de lo que crees.

¿Te sorprende? A mí también. Y es un alivio. ¿Por qué? Porque Jesús no era una de esas personas dóciles que se dedican a agradar a todo el mundo. Te aseguro que no intentaba hacer feliz a todo el mundo. No siempre era «amable». Él también se sentía frustrado en sus relaciones. Y no siempre enterraba sus propios deseos para proyectar una imagen de superioridad mojigata y santurrona.

Amar como Jesús está más al alcance de todos nosotros de lo que puedas imaginar. Sus enseñanzas y ejemplos desvelan, al menos, cinco cualidades de este tipo de amor. Al amar como Jesús, te vuelves:

- más *consciente*, menos distante.
- más *accesible*, menos excluyente.
- más *bondadoso*, menos crítico.
- más *atrevido*, menos temeroso.
- más *generoso*, menos egoísta.

¿Te parece que es una lista exhaustiva de cómo amaba Jesús? Por supuesto que no. Pero sí es una manera terrenal de llegar a entender este divino ideal. Una y otra vez, Jesús predicaba estas cinco cualidades y nos hablaba de ellas, pero no como ideales inalcanzables. Nos llama a encarnarlas. ¿Difícil? Y tanto. Pero no imposible. ¿Que si nos equivocaremos al ponerlas en práctica? Por supuesto. Pero no te desanimes. Porque es precisamente con los intentos fallidos como se aprende a razonar con el corazón además de con la mente.

Te seré sincero. Me siento un poco como el hombre de hojalata de *El mago de Oz* cuando decía: «Una vez tuve un cerebro y un corazón; de modo que habiendo conocido ambas cosas, creo que preferiría tener corazón». ¿Por qué? A decir verdad, soy de los que se inclinan a pensar con la cabeza en vez de razonar con el corazón. Pero cuanto más sigo las enseñanzas de Jesús, más razones encuentro para amar aprovechando el razonamiento que hace mi corazón.

Así que puedo prometerte que no vas a encontrar respuestas fáciles ni sermones espirituales en estas páginas. Tampoco dichos mojigatos ni cuentos de falsa humildad. No encontrarás la clásica receta en «tres pasos fáciles» o esos «remedios caseros» ridículamente simples. Tampoco galimatías filosóficos o jerga de psicólogos. Estoy comprometido con la vida real. Comprometido con la autenticidad que me muestra el camino práctico hacia unas relaciones saludables y satisfactorias.

Tampoco encontrarás un mensaje de culpabilidad o vergüenza en este libro, sino ánimos y utilidad mientras seguimos tratando de averiguar cómo realizar este viaje de la mejor manera posible.

CAPÍTULO 1

SER CONSCIENTE

¿Tiene todo esto algún sentido para ti?

—Jesús

Los doscientos estudiantes universitarios que tengo en mi clase de psicología no tienen ni idea de lo que está a punto de suceder. Pero en unos minutos se van a quedar boquiabiertos.

Voy a mostrarles un video corto en el que aparecen seis jugadores de baloncesto, unos vestidos de negro, y otros, de blanco. Los que van de blanco tienen un balón, y a lo largo del video, se lo van pasando unos a otros. Les pido a mis alumnos que lo vean y cuenten las veces que se pasan el balón.

Al final les hago una sencilla pregunta: «¿Han visto el gorila?».

La mayoría de ellos se quedan mirándome sin comprender. Lo ves en sus rostros. «*¿Qué gorila? ¿El profesor Parrott ha perdido la cabeza?*». Sin darles tiempo a procesar la pregunta, les pongo de nuevo el video, pero esta vez les digo que no cuenten, que se limiten a ver el video.

Es exactamente el mismo video. Resulta fascinante ver sus reacciones. Algunos se quedan mudos, boquiabiertos. Otros se ríen descontroladamente. Otros preguntan si lo que les he puesto es un video diferente.

Pero no es así.

A mitad de reproducción, un hombre disfrazado de gorila cruza tan tranquilo entre los jugadores, se da golpes en el pecho delante de la cámara y se va de la escena. Así de claro. ¿Cómo no se ha dado cuenta nadie?

Y, sin embargo, pasa *desapercibido* para casi todos mis alumnos. Y no solo para ellos. El video, conocido como el test del gorila invisible, fue desarrollado por dos científicos de Harvard, Dan Simmons y Christopher Chabris. Su intención era demostrarnos que no estamos tan familiarizados con nuestro entorno como creemos. De hecho, con frecuencia pasamos por alto cosas que ocurren delante de nuestras narices.

El ojo solo ve lo que la mente está preparada para entender.

—Robertson Davies

El experimento lleva realizándose con incontables variaciones desde que estos científicos lo pusieron en marcha por primera vez en 1999. El gorila ha sido sustituido por todo tipo de sujetos, desde un oso bailarín hasta un payaso en un monociclo, y todos ellos han resultado tan «invisibles» como el gorila para el público que observaba confiado.

Una de las variaciones del experimento que más me gusta es una en la que un grupo de acreditados radiólogos de un prestigioso hospital de Boston son incapaces de ver al gorila bailarín plantado en la imagen obtenida tras realizar un escáner de la zona pulmonar. Gracias a la tecnología que permite observar los movimientos de los ojos, los investigadores podían ver que los radiólogos estaban mirando directamente al gorila que aparecía en la radiografía, y aun así tan solo un dieciséis por ciento de ellos lo vieron.

En otro experimento, un desconocido pedía indicaciones a personas que encontraba en el campus de la universidad. En un momento dado de la breve conversación que se producía entre ellos, dos hombres que transportaban una puerta de madera pasaban por el medio del desconocido y las personas a las que pedía las indicaciones. Después de que esto sucediera, preguntaban a los sujetos si se habían fijado en algo extraño. La mitad de las personas que se sometieron al experimento no se dieron cuenta de que, justo en el momento en que los hombres cargados con la puerta pasaban por el medio, habían cambiado al desconocido que pedía las indicaciones por otro con una altura, una constitución física y un tono de voz diferentes. También llevaba ropa diferente. Pese a haber estado hablando entre diez o quince segundos con el desconocido antes de la interrupción, la mitad de los sujetos no se percataron del cambio.

El objeto de estos experimentos está claro: los humanos mostramos una tendencia asombrosa a no fijarnos en detalles que deberían resultar obvios. Los investigadores se refieren a este comportamiento como «ceguera perceptual». Miramos pero no vemos. O vemos pero no observamos. En otras palabras, como no prestamos atención, pasamos por alto detalles que están a la vista.

Y no te equivoques: todos somos susceptibles de sufrir este tipo de «ceguera», hasta que empezamos a prestar atención. Hasta que cobramos conciencia.

Ser consciente como Jesús

Jesús «vio» lo que otros no veían. De hecho, los Evangelios mencionan que Jesús «vio» cuarenta veces. Y en casi todos los casos lo hizo movido por la compasión.

Un inesperado encuentro que tuvo cuando atravesaba Jericó en dirección a Jerusalén es el ejemplo perfecto de cómo Jesús veía más allá de lo obvio. Famosa por las altas palmeras y sus bosques de árboles de bálsamo que perfumaban el aire a varios kilómetros a la redonda, la ciudad de Jericó era un lugar muy apetecible para vivir. Y el hecho de que estuviera cerca del río Jordán, cualidad igualmente atractiva, hizo que la ciudad se convirtiera en una de las que más impuestos pagaba de todo Israel.

> **Al ver a las multitudes, tuvo compasión de ellas.**
>
> —Mateo 9.36

Por supuesto, en aquella época, Israel formaba parte del Imperio romano, y Roma exprimía al máximo a las ciudades como Jericó. Pero en vez de que fueran romanos los encargados de recaudar los impuestos, el gobierno encontró a unos cuantos israelitas codiciosos que lo hiciera en su lugar. Vendieron en pública subasta una zona a un habitante de Jericó sin escrúpulos que ya buscaría la manera de recaudar todos los impuestos posibles.

Estos calculadores recaudadores de impuestos se dedicaban a vender a sus conciudadanos al enemigo, es decir, a Roma, literalmente, por dinero. No es extraño que fueran despreciados por todos. Nadie confiaba en los recaudadores de impuestos. Imagina cómo te sentirías si un compatriota ganara muchísimo dinero por trabajar como espía para un país enemigo, un proxeneta despiadado o un mafioso.

Zaqueo fue uno de estos odiosos recaudadores de impuestos. De hecho, era jefe de recaudadores, lo que significaba que se le daba bien recaudar impuestos tanto de los habitantes ricos como de los pobres, y tenía a su vez empleados a su cargo. También significaba que era corrupto y todos lo aborrecían. Solo le importaba el dinero, hasta el punto de que por su culpa perdió los amigos que tenía, el respeto de los demás y la dignidad. Se puede decir que lo único que le daba la felicidad era la riqueza. Pero algo no iba bien.

Eso fue lo que vio Jesús. Nadie más vio en Zaqueo lo que él vio.

A medida que Jesús entraba a Jericó, se fue congregando una multitud a su paso por la ciudad. Zaqueo no alcanzaba a ver quién era ese hombre que tanto jaleo estaba armando, de manera que se subió a un árbol. Quería tener una buena vista por encima de la multitud y probablemente también buscaba esconderse. Un recaudador de impuestos con su reputación prefería pasar desapercibido.

Pero Jesús vio que había alguien en lo alto del árbol y se acercó. Miró hacia arriba, rodeado por varios centenares de personas, y pronunció una única palabra:

«Zaqueo». La gente que lo rodeaba no daba crédito. Igual que el recaudador. Él pensaba que allí estaría seguro y se encuentra con que Jesús lo llama por su nombre y le pide que baje. Pero lo más increíble de todo es que este quiere quedarse en su casa. La muchedumbre empieza a murmurar: «¿Por qué querrá ir a la casa de semejante traidor?». ¡Todo el mundo intentando evitarlo a toda costa y va Jesús y le dice que quiere hacerle una visita!

¿Por qué? Porque Jesús ve lo que aquella multitud no conseguía ver. Mientras que «todos los que lo veían», como dice Lucas, sentían asco de Zaqueo, Jesús trata a este hombre retorcido y codicioso con respeto. Jesús ve que Zaqueo, el hombre que vendió su alma por dinero, está vacío y solo. Ve que Zaqueo ya no quiere seguir viviendo en la indecencia y la codicia. Ha pecado contra Dios y contra su propio pueblo. Zaqueo quiere salir de su escondite, devolver a la gente lo que le ha robado y seguir a Jesús.

Es una de las historias de conversión más conmovedoras de la Biblia. Y ocurrió porque Jesús vio lo que los demás no veían.

La vida de Jesús está llena de ejemplos de percepción como este. Donde los demás veían un hombre paralizado, él veía fe. Donde los demás veían un traidor político, él veía un nuevo discípulo. Donde los demás veían una hostigadora multitud de personas, él

veía personas hostigadas. Donde los demás veían pecadores, él veía personas necesitadas de piedad.

¿Pero cómo conseguía ver lo que los demás no
veían? Siendo consciente.

Consciente

adjetivo

¿Qué significa ser consciente? Sencillamente, significa prestar una atención especial a los demás.
Bueno, sí. Pero es algo más profundo de lo que
pueda parecer. Alguien que es consciente de lo que
lo rodea no es una persona distante o distraída, sino
que percibe lo que no se ve a simple vista. Una persona consciente de su realidad es alguien que está
siempre atento, alerta ante lo que pasa desapercibido para los demás. En un estado de consciencia
se presta atención a los detalles, a esas conductas
no verbales que muchas veces expresan más que las
palabras. Tal como podemos ver en un diccionario,
ser consciente significa «mostrar interés mediante la
observación y los gestos nobles».

¡Gestos nobles! Eso no te lo esperabas, ¿a que
no? Significa que para ser consciente de las cosas,
hay que ser valiente. Las personas nobles van allí
donde los demás no se acercan por miedo. Y eso es

justo lo que hacía Jesús. Cuando somos conscientes, exploramos territorio desconocido. Y lo es porque no sabemos adónde nos lleva. Pero lo que sí sabemos es que el amor se abre camino cuando decidimos hacer un viaje al respeto.

¿Qué es lo que nos impide tomar conciencia de las cosas?

Me basta una palabra para responder: agendas. Con las cosas que queremos hacer. Todo el tiempo. Ahorrar dinero, ahorrar tiempo, leer un libro, reservar un vuelo, comprar ropa, tener buen aspecto, ver las noticias, terminar un trabajo, hacer la comida, hacer una llamada, jugar a un juego, hacer un recado, la lista no tiene fin.

Pero tu agenda tan solo es tu objetivo inmediato. Eso incluye lo que quieres hacer (terminar este capítulo, hacer planes para la cena, dar un paseo), cómo quieres sentirte (instruido, estimulado, superior) y de qué quieres hablar (vacaciones, un proyecto de trabajo, algo que te dolió la otra noche).

Tu agenda personal se actualiza y revisa constantemente. Y es una fuerza poderosa. Te empuja a no

Si te detienes a ser amable, debes desviarte de tu camino a menudo.

—Mary Webb

perder de vista tu objetivo. Igual que ese ejecutivo que dirige una reunión de alto nivel, tú tampoco quieres desviarte de tu agenda porque al hacerlo podrías no conseguir tu objetivo. Cada momento del día tiene una agenda.

Bueno, casi.

Todos tenemos una agenda personal hasta que dejamos de tenerla. Todos y cada uno de nosotros tiene la capacidad de dejar a un lado el egoísmo temporalmente. Tenemos la capacidad de presionar el botón de pausa en cualquier momento. Y es precisamente en ese momento cuando vemos a los demás y *sus* propias agendas. Es precisamente en ese momento cuando tomamos consciencia. Es precisamente en ese momento cuando hacemos hueco para el amor.

La persona que no está dispuesta a dejar a un lado su propia agenda es como si llevara gafas de sol de espejo con las lentes del revés. Mientras mira al mundo, lo único que ve es el propio reflejo de sus propias necesidades y deseos. Eso es *egocentrismo*, un fenómeno psicológico bien conocido en el que uno no es capaz de reconocer las necesidades de los demás. En la monotonía del día a día, es fácil ensimismarse. Nos dejamos avasallar por lo que tenemos que hacer o adonde tenemos que ir. Si no tenemos cuidado, se convierte en un hábito. Nos volvemos tan ensimismados y tan ajenos a los demás que solo pensamos en nosotros mismos. Las necesidades o los sentimientos de los demás no tienen cabida en nosotros.

Es duro, pero es la verdad: amar como Jesús no es eficaz. Nos quita tiempo de nuestra vida perfectamente planificada. Puede significar perder el control de esa planificación. Nos hace desviarnos del camino con otra persona que no está en nuestra agenda. Y eso es lo que nos impide tomar consciencia de las cosas. Para amar como Jesús es necesario dejar a un lado la agenda personal, aunque sea de manera temporal, para ver lo que los demás no ven.

¿Hasta qué punto eres consciente de las cosas?

Si sientes curiosidad por ver las ganas que tienes en este mismo instante de poner en práctica esa consciencia plena para amar a los demás, tómate un momento y responde con sinceridad con qué frecuencia has vivido cada una de las siguientes situaciones en la última semana.

Puedes completar una autoevaluación en línea (solo disponible en inglés) en LoveLikeThatBook.com y recibir un resumen de su progreso en el camino.

**Soy consciente de mis pensamientos
cuando tengo cambios de humor.**

Nunca	Casi nunca	A veces	Con frecuencia	Con mucha frecuencia

**Pido a Dios que me ilumine para reconocer
las necesidades, los pensamientos y
los sentimientos de los demás.**

Nunca	Casi nunca	A veces	Con frecuencia	Con mucha frecuencia

**Tengo la intención de mostrar mi
mejor cara a los demás.**

Nunca	Casi nunca	A veces	Con frecuencia	Con mucha frecuencia

**Me resulta fácil ver y reconocer lo
que piensan y sienten los demás.**

Nunca	Casi nunca	A veces	Con frecuencia	Con mucha frecuencia

**Soy perfectamente consciente cuando
alguien se siente avergonzado o dolido.**

Nunca	Casi nunca	A veces	Con frecuencia	Con mucha frecuencia

Manejo muy bien mis emociones.

Nunca	Casi nunca	A veces	Con frecuencia	Con mucha frecuencia

**Dejo a un lado mis planes y objetivos
más inmediatos para ayudar a otra
persona con su agenda personal.**

Nunca	Casi nunca	A veces	Con	Con mucha
			frecuencia	frecuencia

**Escucho y presto atención a las indicaciones
de Dios en relación a los demás.**

Nunca	Casi nunca	A veces	Con	Con mucha
			frecuencia	frecuencia

**Soy consciente de que Dios está
presente en mí, oigo lo que me dice.**

Nunca	Casi nunca	A veces	Con	Con mucha
			frecuencia	frecuencia

**Se me da bien relajarme dentro de mi propia y
ajetreada agenda para escuchar a los demás.**

Nunca	Casi nunca	A veces	Con	Con mucha
			frecuencia	frecuencia

Y ahora recapacita un momento sobre todo esto. Si la mayoría de las veces has respondido «con frecuencia» o «con mucha frecuencia», vas camino de ser una persona muy consciente de lo que te rodea. Estás dispuesto a dejar a un lado tu propia agenda, y eso te vendrá bien. Si, por el contrario, la mayoría de las veces has contestado «nunca» o «casi nunca», te resultarán beneficiosas las enseñanzas de Jesús para ser más consciente de lo que te rodea. De hecho, estás en el momento perfecto para encontrar la aguja del dicho y realizar un cambio positivo que te permita dejar a un lado tu agenda para ver lo que los demás no ven.

Lo que Jesús nos enseñó sobre ser conscientes de las cosas

Está claro que Jesús fue un gran maestro. Una de las formas de predicar que más le gustaban era mediante una historia o parábola. En los Evangelios están recogidas casi cincuenta, sencillas, memorables y profundas todas ellas.

Piensa, por ejemplo, en el buen samaritano, una de las más famosas. El título en sí, «buen samaritano», aparece recogido en nuestra cultura en su uso para dar nombre a hospitales y centros de cuidado de todo el mundo. La historia se cuenta una y otra vez en clases y sermones cada semana. Es uno de los pasajes, junto con la historia de Navidad y Semana Santa, que probablemente más repiten los pastores por lo evidente de su mensaje: sé amable con aquellos que no tienen tan buena suerte.

Pero una vez que entiendes el contexto de esta conocida parábola de Jesús, la lección que encierra resulta más profunda. El impacto original se pierde si no se entiende el contexto. Hoy en día, la figura positiva del samaritano es casi un hecho cultural reconocido. Pero cuando Jesús enseñó esta lección, un samaritano sería justamente lo contrario, un tipo bastante malo.

> **Así podrán comprobar cuál es la voluntad de Dios, buena, agradable y perfecta.**
>
> **—Romanos 12.1**

La última persona que a uno se le ocurriría poner como ejemplo.

El público a quien Jesús dirigió esta prédica, los judíos, odiaban a los samaritanos. Los consideraban lo peor de lo peor, en parte por incumplir la ley judía adorando ídolos y dando cobijo a criminales y fugitivos. ¿Cómo se le ocurrió entonces a Jesús la idea de que un samaritano protagonizase esta historia? Para un judío, sería como si Jesús contara en la actualidad una historia sobre un «buen nazi». ¿Cómo podría esperar ganarse a su público?

Y, sin embargo, lo hace.

Ya sabes lo que ocurre en esa terrible historia del atraco al borde del camino, pero deja que te lo recuerde. «Bajaba un hombre de Jerusalén a Jericó, y cayó en manos de unos ladrones. Le quitaron la ropa, lo golpearon y se fueron, dejándolo medio muerto», contaba Jesús. Todos los allí presentes conocían el camino que iba desde Jericó hasta Jerusalén, los veintisiete kilómetros. Estaba lleno de cuevas, el escondite perfecto para los bandidos.

Jesús sigue con su historia en la que un sacerdote, pilar de la comunidad centrado en llegar al templo, pasa junto al hombre apaleado y no le hace caso.

A continuación, Jesús presenta al sacerdote de segundo grado y experto en la ley judía, conocidos como levitas. Él sí repara en el hombre en su dolor, lo mira largo y tendido, y sigue caminando.

Después, la historia da un giro inesperado. Aparece un maleante procedente de la ciudad de Samaria. Nadie creería que precisamente él mostraría compasión hacia el hombre apaleado, pero sí que lo hizo. Ve que el hombre necesita ayuda y hace lo que nadie habría esperado. Cubre las heridas del hombre con vino (para desinfectar) y aceite (para aliviar el dolor). Carga al hombre en su animal y lo lleva a una posada para que termine de curarse, y paga al posadero de su propio bolsillo.

> «El ojo es la lámpara del cuerpo».
>
> —Jesús

En su contexto histórico, no es difícil ver que la parábola de Jesús se centraba en la ayuda a aquel que lo necesita. Decía: «Abre los ojos y verás que hasta el más religioso y más devoto de los hombres es incapaz de ver lo que tiene delante». Decía que aunque tu agenda sea en apariencia devota y recta, es posible que tengas que dejar a un lado tus objetivos para mostrar amabilidad. Jesús nos está enseñando lo que significa ser conscientes.

Los psicólogos de la Universidad de Princeton, John Darley y Daniel Batson, llevaron a cabo un estudio pionero hace años que ahora se utiliza en prácticamente todos los cursos universitarios de Psicología social. Quiero que lo conozcas. Esto es lo que ocurrió. Los investigadores se reunieron con varios seminaristas de forma individual y les pidieron que improvisaran una breve charla que habrían de dar en un edificio cercano del campus. De camino al edificio en cuestión, cada estudiante se encontraba con un hombre dispuesto en el camino como parte de la investigación, un actor. El hombre estaba inclinado hacia delante, con la cabeza gacha y los ojos cerrados, tosiendo y gimiendo. Era obvio que necesitaba ayuda. La cuestión era quién se detendría a echarle una mano.

Darley y Batson introdujeron ciertas variables en el estudio para dar mayor relieve a los resultados.

Por ejemplo, variaron el tema sobre el que tenían que hablar los estudiantes. A algunos les pidieron que hablaran sobre su vocación religiosa. Además, para algunos estudiantes, el experimentador miraba su reloj y decía: «Oh, llegas tarde. Te esperaban hace unos minutos. Será mejor que nos pongamos en movimiento». En otros casos, él decía: «Pasarán unos minutos antes de que estén listos para ti, pero es mejor que vengas ahora».

¿Cuál de los seminaristas crees que se pararía a ayudar al hombre? La mayoría diría que uno de los que habían leído la parábola del buen samaritano. Casi todo el mundo responde así. Pero se equivocan.

De hecho, acabar de leer la parábola apenas ejerce efecto alguno. «Cuesta buscar un contexto en el que ayudar a alguien que está sufriendo venga más al caso que cuando acabamos de leer sobre la parábola del buen samaritano, y aun así, no hizo que se sintieran más inclinados a ayudar», concluyeron Darley y Batson. «De hecho, fueron varios los seminaristas que, literalmente, pasaron por encima del hombre que sufría en su apresuramiento por llegar a su charla».

A todos nos cuesta dejar a un lado el egoísmo y nuestra agenda personal. El orgullo, por no mencionar nuestro horario, es decir, nuestra agenda diaria, parece interferir constantemente en nuestra intención de ser amables. No es de extrañar que Jesús quisiera transmitir el mensaje del buen samaritano.

Cómo ser más conscientes

¿Y tú? ¿Con qué personaje de los que aparecen en la historia de Jesús te identificas más? Tengo que admitir que mi naturaleza planificadora me llevaría a mirar hacia otro lado. Se me ponen los pelos de punta al pensar que bien podría haber pasado por encima de una persona que necesita ayuda si tengo prisa por llegar a alguna parte. Pero, sinceramente, es lo que haría.

O al menos lo haría antes de pararme y concentrarme para ver lo que es simplemente obvio. Es lo que haría antes de dejar a un lado mis planes y mi ensimismamiento. Es lo que haría antes de aclararme la cabeza y prestar atención. Es lo que haría antes de tranquilizar mi espíritu y escuchar a Dios.

Albert Einstein lo llamó «don sagrado». Hablaba de las implicaciones espirituales de escuchar la «vocecita» de Dios. Einstein, una de las mentes científicas más importantes de la historia, se preguntaba si esos momentos de intuición, carentes de razonamiento, podrían ser, simplemente, mensajes celestiales. ¿Podría ser?

Así que no nos fijamos en lo visible, sino en lo invisible, ya que lo que se ve es pasajero, mientras que lo que no se ve es eterno.

—2 Corintios 4.18

Esto es lo que nos dice la ciencia. Si tienes a Dios en mente, si piensas en interactuar con Dios con regularidad y aprender a amar como Jesús, se producen cambios sorprendentes en el cerebro. Literalmente. El funcionamiento neuronal comienza a alterarse. Resulta que ser «transformados mediante la renovación de la mente» es más que metafórico. La renovación neurológica tiene lugar cuando nos concentramos en Dios. Se activan diferentes circuitos, mientras que otros se desactivan. Se forman dendritas nuevas, tienen lugar conexiones sinápticas nuevas y el cerebro se muestra más sensible a experiencias sutiles. Así es, cuanto más interactúas con Dios, más te centras en amar como Jesús y más atento está el cerebro para escuchar esa «vocecita».

Pero hay un problema. Es necesario relajar las tensiones que se producen en tu ajetreada agenda para dejar espacio a las sutiles e intuitivas propuestas del Espíritu de Dios. La palabra «intuición» procede de la palabra latina *intueri*, que significa a grandes rasgos «contemplar». La intuición viene de lo que observamos, aquello que está en consonancia con nosotros. De manera que si quieres oír a Dios, tienes que sentirte en consonancia con su Espíritu. Entonces es cuando se oye el don sagrado de la voz de Dios.

Cuando no estás en consonancia con Dios o no eres consciente de su presencia, te pierdes el don sagrado.

Juan, autor de varios escritos bíblicos, lo dice claramente: «El que es de Dios escucha lo que Dios dice. Pero ustedes no escuchan, porque no son de Dios». La idea se repite muchas veces en la Biblia: «Pero el que se une al Señor se hace uno con él en espíritu».

Una encuesta efectuada recientemente entre veinte mil cristianos con edades comprendidas entre los quince y los ochenta y ocho años reveló que el mayor obstáculo que nos encontramos a la hora de tomar consciencia de Dios es lo tremendamente ocupados que estamos. El sesenta por ciento afirma que «con frecuencia» o «siempre» es cierto que «el ajetreo de la vida les supone un obstáculo para desarrollar una relación con Dios». Y cuando la pregunta se les hace únicamente a pastores religiosos, el porcentaje asciende al sesenta y cinco.

> **Cuando lo vieron, lo comprendieron.**
>
> —Madre Teresa

¿Qué podemos hacer ante esto? ¿Cómo podríamos organizar el desconcierto y la confusión reinante en nuestra cabeza y nuestras ajetreadas vidas? La respuesta es bastante simple en realidad. La encontramos en esta breve frase: «Quédense quietos, reconozcan que yo soy Dios».

Casi puedo oírte preguntar: «¿Cómo narices voy a tranquilizarme cuando la vida va a toda velocidad?».

La pregunta tiene su lógica. Dios no espera que nos comportemos como monjes para llegar a oír su voz y amar como Jesús. Sencillamente, nos pide que estemos en sintonía con él, con su presencia, incluso en la calamidad y el caos de nuestras vidas. Estar tranquilo no significa necesariamente retirarse a un lugar silencioso. Significa tener la mente en calma, aun en los momentos de agitación del día a día, intentando no esforzarnos tanto. Significa relajar la mente y dejar que Dios sea Dios. Significa ver lo que los demás no ven.

«Podemos ignorarla, pero no podemos eludir la presencia de Dios», decía C. S. Lewis. «El mundo está lleno de él. Camina entre nosotros de *incógnito*». Lewis no habla de jugar a adivinar dónde está Dios, por supuesto. Todo lo contrario. Dios está en todas partes, incluso en los lugares más habituales, cuando somos lo bastante conscientes como para fijarnos en ello. Nuestras agendas vitales, con todas esas fechas límite para hacer cosas, preocupaciones, tareas e iniciativas, nos mantienen ocupados en todo momento. Nos obligan a centrarnos, casi exclusivamente, en nosotros mismos. Nuestras agendas personales nos impiden levantar la mirada para ver la imagen completa. Y eso es justo lo que nos estamos perdiendo, la imagen global que nos proporciona constantemente oportunidades de amar como Jesús.

«La Tierra está colmada del Cielo, / Y hasta el arbusto más ordinario está encendido de Dios», escribía Elizabeth Barrett Browning. «Pero solo aquel que ve, se quita sus zapatos; / Los demás se sientan a sus pies y recogen las moras». ¿No sientes que a veces no oyes la voz de Dios, que pierdes oportunidades de amar como Jesús porque no estás en sintonía con el suelo sagrado que pisas? Ajeno a lo que Dios podría haber hecho —o lo que Jesús habría visto— se nos escapan sus indicaciones en forma de señales gigantescas porque estamos demasiado centrados en detalles de nuestras agendas vitales.

Haz la prueba. Aprovecha un momento en que tengas la cabeza llena de cosas y pídele a Dios que te dé sabiduría. Parece demasiado fácil, lo sé. Pero te animo a hacerlo. Es más, te insto a que se lo pidas sin pensar, con atrevimiento. Y que te acostumbres a hacerlo habitualmente. La invitación está clara: «Si a alguno de ustedes le falta sabiduría, pídasela a Dios, y él se la dará, pues Dios da a todos generosamente sin menospreciar a nadie».

Cuando tu mente se calma lo suficiente como para sentir a Dios, empiezas a ver lo que los demás no ven. Ganas sabiduría siguiendo las indicaciones de Dios. ¿Sabías que la palabra «sabiduría» nos ha llegado desde el indoeuropeo a través del latín *vidēre* [wi'dere], que significa «ver»? Y que en griego quiere decir

La atención es algo tan valioso que no la damos alegremente, sino que prestamos atención. Es como el dinero.

—John Ortberg

«claridad». La sabiduría es lo que nos permite ver la imagen completa con absoluta claridad. Nos capacita para oír la palabra de Dios. La sabiduría nos permite quitarnos los zapatos para atravesar el suelo sagrado y aprender a amar como Jesús.

Para reflexionar

- ¿Estás de acuerdo conmigo en que los seres humanos tenemos una facilidad pasmosa para pasar por alto cosas que deberían ser evidentes? ¿Por qué o por qué no? ¿Podrías identificar un momento en el que hayas sufrido «ceguera perceptual» ante algo que tenías delante de los ojos?
- ¿Te sientes identificado con Zaqueo? ¿Qué tipo de sentimientos habría despertado en ti estar cerca y ver que Jesús quiere ir a visitarlo a su casa cuando es una persona tan odiada por todos? ¿Cómo te habrías sentido en ese momento? ¿Por qué?
- ¿En qué sentido te impide tu agenda personal —tus objetivos más inmediatos— reconocer las necesidades de quienes te rodean? ¿Estás motivado para ser más consciente de tu agenda para amar más generosamente a los demás?
- Después de leer aquí sobre las enseñanzas de Jesús con el buen samaritano, ¿eres capaz de imaginar

qué habrías pensado si hubieras estado presente? ¿Cómo habrías procesado la idea de lo que en la actualidad podríamos llamar «el buen nazi»?

- ¿Cómo valorarías tu capacidad actual de dejar tu agenda a un lado para ver con más claridad a las personas que te rodean y poder amarlas con más generosidad? ¿Te sientes más inclinado a pedirle a Dios sabiduría para hacerlo? ¿Por qué o por qué no?

CAPÍTULO 2

SER ACCESIBLE

Camina conmigo.

—Jesús

Me sentí excluido. Ignorado. Era uno de los tres conferencistas que acababa de bajarse del estrado en aquel enorme salón de hotel donde se habían reunido más de mil personas que parecían apreciar mis comentarios. Me sentía bien. Supuse que iría a cenar con los otros dos conferencistas para poner ideas en común y relajarnos. Pero tenían otros planes y yo no formaba parte de ellos.

Menuda faena. En realidad no tiene importancia. Pero entonces ¿por qué sigo recordándolo años después? Me duele pensar que algo tan nimio y puntual

31

siga estando vivo en mi memoria. No soy tan sensible-
ro, sé que no. ¿O sí lo soy?

Resulta que los seres humanos somos extremada-
mente sensibles al rechazo. Tenemos un deseo innato
de sentirnos acogidos y nos duele que nos ignoren.
Los investigadores de la Universidad de Purdue utilizan una estrategia sorprendentemente simple, llamada Cyberball, para demostrar lo sensibles que somos
al rechazo. El sujeto participa en un juego en línea
de atrapar el balón con otros dos jugadores. En un
momento dado, los otros jugadores empiezan a lanzar-
se la pelota entre sí únicamente, excluyendo al sujeto
del estudio. Ya está. Todo el proceso lleva menos de un
par de minutos.

La cuestión es la siguiente. ¿puede una experiencia aparentemente inocente como esta marcar la diferencia desde el punto de vista emocional? ¿Puede tener
alguna consecuencia personal el hecho de que dos
jugadores ficticios te excluyan en un juego virtual?
Sorprendentemente, la respuesta es sí. De hecho, las
mismas dos regiones del cerebro que se activan cuando sentimos un dolor físico y cuando nos excluyen en
un sencillo juego virtual con otros jugadores son exactamente las mismas. Imagina hasta qué punto puede
doler el rechazo en el mundo real, con personas reales.

Los psicólogos llaman a esa necesidad de sentirnos
incluidos «unidad afiliativa». Los psicólogos sociales

El orgullo es nuestro peor enemigo, y la humildad, nuestra mejor amiga.

—John R. W. Stott

se refieren a nuestro deseo de pertenencia como «asimilación» o «formación de grupos sociales», aunque hay quien lo llama «confraternización» o «conectar». Como sea que se llame, todos están de acuerdo en que nacemos con una necesidad interna insaciable de ser incluidos. Y no te confundas, nadie es demasiado grande, fuerte, talentoso o duro para no sentirse excluido.

De hecho, somos capaces de todo con tal de que no nos excluyan. Incluso de sacrificar nuestras propias sensibilidades. Imagina esta situación: acabas de participar en un experimento junto con otras siete personas y están todas sentadas en una mesa en una pequeña habitación. En ese momento no lo sabes, pero los otros son en realidad parte del experimento y su conducta ha sido cuidadosamente guionada. Tú eres el único participante real.

En ese momento llega la persona encargada de realizar el experimento y les dice que el experimento en el que van a participar tiene que ver con los juicios visuales. Coloca dos tarjetas delante de ti. En la de la izquierda se ve una línea vertical. En la de la derecha, tres líneas de diferente longitud.

La encargada del experimento les pide a todos que digan cuál de las tres líneas de la tarjeta de la derecha tiene la misma longitud que la que aparece en la tarjeta de la izquierda. La tarea se repite varias veces con distintas tarjetas como esta:

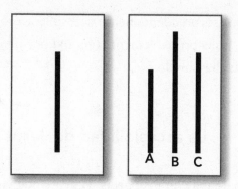

En algunas ocasiones, los otros «participantes» eligen la línea incorrecta a propósito únicamente para sentirse incluidos. Tú te das cuenta de que se equivocan, pero todos contestan lo mismo. ¿Qué harías? ¿Seguirías la corriente al resto o confiarías en tu propia opinión?

Tal vez te sorprenda saber que en este experimento realizado por primera vez en 1951 por Solomon Arch y en la actualidad convertido en un clásico, el setenta y cinco por ciento de los participantes siguen la corriente al grupo por lo menos una vez. Se conforman. Aun sabiendo que la respuesta no es correcta, dan la razón al grupo para sentir que forman parte de él. No quieren quedarse fuera.

No hay nada tan arraigado en la personalidad del ser humano como la percepción de que formas parte del grupo. Anhelamos pertenecer a algo. Jesús comprendía esta profunda y poderosa necesidad mejor que nadie. Por eso se mostraba intencional, profunda y, a menudo, sorprendentemente accesible a propósito. De hecho, Jesús probablemente fuera la persona más accesible que ha habido.

La accesibilidad de Jesús

Jesús hablaba con los parias, la gente que vivía al margen de la sociedad, aquellos que con más razón podrían sentirse excluidos. Los Evangelios lo dejan bien claro: Jesús se mostraba sorprendentemente accesible a todo aquel que se sintiera repudiado e indigno, como leprosos, gentiles, recaudadores de impuestos, pobres y oprimidos, paganos y pecadores. Él no era como los otros «hombres santos» de Judea. Los demás rabinos trabajaban sobre los principios de exclusión y aislamiento. Ver lo accesible que era Jesús les provocaba perplejidad y enfado. Uno de los ejemplos más llamativos fue el episodio en que Jesús recibió la invitación a cenar en la casa de un rabino llamado Simón.

Jesús había dado su Sermón del Monte tres meses atrás, que atrajo a una gran multitud hacia las verdes

> **Jesús fue el hombre para todos los demás.**
>
> —Dietrich Bonhoeffer

colinas de Galilea. Puede que Simón, un fariseo —persona que interpreta escrupulosamente la ley judía de manera oficial— estuviera entre los asistentes aquel día. Con su sermón, Jesús no solo pretendía inspirar a los oyentes que se sentían oprimidos por los romanos, sino también exponer su propia interpretación de la ley religiosa, hablando de temas como el adulterio, la mentira, el asesinato, la generosidad hacia los pobres, el amor hacia el enemigo, la oración y, lo que aún resultaría más alarmante para un fariseo como Simón, acatar los deseos de Dios aunque eso signifique desafiar a los poderes del Estado.

Tanto si estuvo presente aquel día en la ladera y había escuchado el sermón como si no, Simón invitó a Jesús a cenar para hablar del mensaje que este predicaba. Sin embargo, la conversación durante la cena no sería agradable. Simón era un hombre petulante que quería pillar a Jesús de Nazaret diciendo algo blasfemo, avergonzándolo delante del resto de sus invitados.

Simón ya se mostró despectivo incluso antes de que la conversación empezara. Aunque Jesús hubiera recorrido a pie con solo unas sandalias el camino polvoriento de más de seis kilómetros que separaba Cafarnaúm de Magdala para estar allí, Simón no le proporcionó el acostumbrado baño de pies para limpiarse el polvo del camino. Tampoco lo saludó con el acostumbrado beso en la mejilla en señal de respeto ni lo ungió con aceite de oliva al llegar. Le dispensó una recepción fría como poco.

Durante la cena, una joven, una prostituta que había escuchado el sermón de Jesús —una mujer que había llevado a cabo actos vergonzosos de conformidad en un intento de sentirse aceptada— entra en silencio en la sala. Simón la ha invitado como parte de su taimado plan para poner a prueba a Jesús. La escena es incómoda desde el principio. Una mujer con su reputación jamás pisaría la casa de un fariseo santo, y mucho menos sería invitada a una cena en casa de un fariseo. Sin embargo, la mujer se queda de pie detrás de Jesús, a sus pies (la gente se tumbaba en vez de sentarse para cenar en tiempos de Jesús). Ella sostiene una cara botella de alabastro con perfume en las manos. Nadie se pregunta cómo puede una mujer como ella permitirse semejante producto. En las ciudades de alrededor de Galilea todos saben cómo se gana la vida María Magdalena.

Ella los sorprende a todos al inclinarse para abrir la botella de fragante perfume. Se ve abrumada por la emoción. Y empieza a llorar, pues conoce el mensaje de generosidad y perdón que predica Jesús. Las lágrimas caen libremente por su rostro pegado a los pies polvorientos de Jesús, que terminan mezclándose con el perfume que aplica sobre ellos.

Jesús era capaz de amar porque lo hacía atravesando todas las capas de lodo.

—Helmut Thielicke

Cuando por fin recupera la compostura, hace algo que no ha hecho nunca. Se suelta el cabello, incumpliendo así la costumbre social, ya que toda mujer judía respetable debe cubrirse el pelo en público. Pero ella lo suelta en señal de respeto, para secar los pies del nazareno y besarlos a continuación.

Simón espera a ver cómo reacciona Jesús ante el escandaloso comportamiento de una pecadora como ella. Entonces, Jesús dice:

—Simón, deja que te cuente algo.

—Dime.

—Dos hombres estaban endeudados con un banquero. Uno le debía quinientas monedas de plata y el otro, cincuenta. Ninguno de los dos podía pagar lo que le debía, así que el banquero canceló la deuda de los dos hombres. ¿Quién de los dos estaría más agradecido?

—Supongo que el que debía más dinero —contestó Simón.

—Así es —dijo Jesús. Y volviéndose hacia la mujer, pero sin dejar de hablarle a Simón, añadió—: ¿Ves a esta mujer? Hoy he venido hasta tu casa; tú no me has dado agua para lavarme los pies, pero ella los ha limpiado con sus lágrimas y los ha secado con su pelo. No me has saludado, mientras que ella no ha dejado de besarme los pies desde su llegada. No me has dado nada para refrescarme, pero ella me ha calmado los pies cansados con perfume. Impresionante, ¿no crees?

A ella se le han perdonado numerosos pecados y está muy agradecida por ello. Si el perdón es mínimo, la gratitud es mínima.

A continuación, Jesús se dirigió a ella y dijo:

—Te perdono todos tus pecados.

Sus palabras arrancaron murmullos a los allí presentes:

—¡Quién se ha creído que es para perdonarle los pecados!

Jesús ignoró los comentarios y añadió:

—Tu fe te ha salvado. Ve en paz.

Como he dicho, Jesús es tremendamente accesible. Si excluye a alguien, es a aquellos que se muestran excluyentes (como esos devotos líderes religiosos). Pero, en el caso de Simón, aceptó rápidamente su invitación a cenar, aun sabiendo que no sería un rato agradable. El mensaje fundamental de esta historia es que Jesús se mostraba accesible para todos: ricos y pobres, letrados e iletrados, sanos y enfermos.

La gente en aquella época mantenía una respetuosa distancia con los rabinos y los «hombres santos», pero Jesús abría los brazos a todo el mundo. La gente se arremolinaba a su alrededor solo para tocarle la ropa. Cuando Jesús buscó a sus discípulos, no lo hizo entre sacerdotes y rabinos, sino entre trabajadores humildes, pescadores e incluso un desprestigiado recaudador de impuestos (Mateo). Una vez, le llevaron a un grupo de niños y los discípulos trataron de apartarlo de él, pues creían que una persona tan importante como él no debería mostrarse tan accesible. Entonces, Jesús, molesto, dijo a sus discípulos: «Dejen que los niños vengan a mí». Jesús los tomó en sus brazos y los bendijo. Era amigo de los inocentes y también de los pecadores. De hecho, cuanto más repugnante era la persona, más a gusto parecía sentirse con Jesús. Él hacía que los pecadores se sintieran tan cómodos en su presencia que con frecuencia incomodaba a los devotos. En resumen, Jesús puso el énfasis en el amor (incluyente) en vez de en la ley (excluyente). Para él, las relaciones están por encima de las leyes.

Posiblemente fuera porque Jesús conocía el rechazo de primera mano. A fin de cuentas, su vida la *definió* el rechazo. Sus vecinos se reían de él, su familia cuestionaba su cordura, sus amigos más íntimos lo traicionaron y sus compatriotas terminaron tachándolo de revolucionario. Puede que por eso se mostrara tan incluyente con aquellos que también eran rechazados, los marginados por todos los demás. O puede que fuera porque Jesús, el hombre-Dios, simplemente percibiera y entendiera el deseo de aquellas personas de pertenecer. Fuera lo que fuera, no te equivoques: Jesús hizo todo lo que estuvo en su mano por acoger a los que nadie quería, a los que todos despreciaban. Hizo todo lo que estuvo en su mano por mostrarse accesible para todos.

Accesible

adjetivo

Accesible en griego es *parresia*, que se puede traducir como «de discurso fácil». En otras palabras, significa «fácil de entender». Y si buscas sinónimos, encontrarás palabras como afable, abierto, amable y cercano.

Pero puede que la mejor forma de definir *accesible* sea con una simple sonrisa. Hay estudios que demuestran que las personas creen que conocen a alguien cuando esa persona les sonríe, aunque sea un absoluto desconocido. Una fugaz sonrisa consigue penetrar en el subconsciente de la persona que la presencia y desencadenar todo tipo de cambios positivos en ella. Por ejemplo, una sonrisa de un nanosegundo de duración (lo que los investigadores denominan *mensaje subliminal*) basta para producir una miniola emocional en los demás. Hace que la gente vea las cosas a su alrededor un poco más positivas. Los temas aburridos se vuelven más interesantes; una imagen común y corriente se vuelve más atractiva. De hecho, los investigadores han descubierto que ciertos alimentos saben mejor incluso cuando van precedidos por una sonrisa subliminal. Y, lo que es más, estas expresiones son contagiosas.

Un estudio demostró que cuando se sonreía a los participantes —aunque no fueran capaces de recordar haber visto la sonrisa en cuestión— sus rostros reflejaban lo que «veían».

Tal vez pienses que las expresiones faciales tan solo reflejan tus sentimientos, pero en cierta medida también los provocan. De hecho, algunos estudios demuestran que las expresiones pueden actuar como el control de volumen: amplía tu sonrisa y automáticamente serás más accesible.

¿Qué es lo que nos impide ser accesibles?

Un esnob es una persona que cree que existe una relación entre el estatus social y la valía personal. Los esnobs básicamente consideran a determinadas personas inferiores a ellos basándose en creencias, valores, intelecto, talento, riqueza, educación, belleza, etnia a la que pertenecen, religión o nada, sencillamente. Los consideran inferiores porque sí.

¿Eres un esnob? Antes de responder, ten en cuenta que si miras por encima del hombro a los esnobs tú también estás siendo un poco esnob. Admitámoslo, todos tendemos a creernos superiores a otras personas en ciertos aspectos en algún momento. Está en nuestra naturaleza. Por eso se puede decir que el principal escollo para ser más accesible es el orgullo.

El orgullo se trata de ser excluyente, no incluyente. Es la base de ese viejo chiste británico: mete a tres ingleses en una habitación y se inventarán alguna norma que impida que una cuarta persona se una a ellos. Por eso el cómico Groucho Marx nos hace reír con esa nota dirigida al club Friars de Beverly Hills: «Por favor, acepten mi dimisión. Nunca pertenecería a un club que admitiera como socio a alguien como yo». El orgullo se burla de nuestros intentos de incluir a los demás, de ser accesibles a los demás.

El antídoto para el orgullo insano es, por supuesto, la humildad. Y etimológicamente hablando «humildad» significa literalmente «de la tierra». En otras palabras, la humildad se baja de su alto caballo para ponerse al nivel de los pobres y sencillos.

> **Aquellos que conocen a Dios serán humildes; los que se conocen a sí mismos no pueden ser orgullosos.**
>
> —John Flavel

En la novela de Nikos Kazantzakis, *Cristo de nuevo crucificado*, hay una escena en la que cuatro hombres confiesan sus pecados a un quinto en presencia del papa. Uno de ellos, Michelis, exclama con toda humildad: «¿Cómo puede Dios dejarnos vivir en este mundo? ¿Por qué no acaba con nosotros para purificar la creación?».

A lo que el papa le responde: «Porque, Michelis, Dios es un alfarero. Trabaja con el barro».

Tanto si opinas de esta forma como si no, el centro de la cuestión es que la humildad es sencillez. Y en ese punto es donde nos encontramos con Dios, en el punto en el que todos somos humildes. Ahí es donde nos volvemos seres maleables. Donde nuestra concha se ablanda y nuestro ego se suaviza.

El orgullo sano, el sentimiento agradable de sentirnos satisfechos con nuestro trabajo, es muy distinto de ese orgullo insano en el que se hace gala de un ego desmedido. Este último está envuelto en arrogancia. No es imprescindible ser una persona egocéntrica para adolecer de esta clase de orgullo insano, pues tiene la capacidad de colarse a través de las grietas que encuentra en nuestras vidas aun cuando intentamos evitarlo. La ironía de todo esto es que aunque nos esforcemos en ser humildes, la tendencia natural a mirar por encima del hombro a otras personas que a nuestro juicio no lo son nos persigue. Es lo que quería decir C. S. Lewis al escribir lo siguiente: «El mayor orgullo de un hombre es mostrarse humilde».

Para demostrar lo irónico de la coexistencia del orgullo y la humildad en nuestra vida, sobre todo en nuestra relación con Dios, Jesús se valía de la siguiente parábola, dirigida especialmente a aquellas personas que muestran un exceso de soberbia:

En una ocasión, dos hombres —un fariseo y un recaudador de impuestos— subieron al templo a orar. El fariseo adoptó su postura de oración y comenzó a rezar así: «Dios mío, te doy gracias por no ser como otras personas: ladrones, malhechores, adúlteros o, peor aún, recaudadores de impuestos como este hombre. Ayuno dos veces a la semana y contribuyo con el diezmo de mis ingresos».

Mientras tanto, el recaudador de impuestos, oculto entre las sombras, con el rostro cubierto con las manos y sin atreverse a levantar la vista, rezaba: «Dios mío, ten piedad. Perdóname, porque he pecado».

Jesús dijo entonces: «Este recaudador de impuestos, no el otro hombre, se marchó luego a casa e hizo las paces con Dios. Si vas por ahí mirando a los demás por encima del hombro, terminarás dándote de bruces. Si, por el contrario, eres feliz siendo una persona sencilla, crecerás como persona».

> **Muchos recaudadores de impuestos y pecadores se acercaban a Jesús para oírlo.**
>
> —Lucas 15.1

El orgullo insano es una actitud que prevalece incluso en aquellos que se dicen verdaderos creyentes. A todos nos cuesta encontrar el equilibrio entre el orgullo sano y la humildad sana. Y se convierte en un indescifrable problema cuando permitimos que se interponga entre nosotros y nuestra intención de mostrarnos accesibles e incluyentes.

¿Hasta qué punto eres una persona accesible?

Responde a unas cuantas preguntas para obtener un poco de claridad para averiguar hasta qué punto te ves capaz de abrir los brazos y mostrarte una persona accesible como forma de amar a los demás. Responde con sinceridad con qué frecuencia has vivido cada una de las siguientes situaciones en la última semana. Puedes completar una autoevaluación en línea (solo disponible en inglés) en LoveLikeThatBook.com y recibir un resumen de su progreso en el camino.

**Los demás piensan que soy más
incluyente que excluyente.**

Nunca	Casi nunca	A veces	Con frecuencia	Con mucha frecuencia

**Recibo con los brazos abiertos opiniones
o puntos de vista políticos diferentes a
los míos hasta el punto de que se podría
decir que «pongo la otra mejilla».**

Nunca	Casi nunca	A veces	Con frecuencia	Con mucha frecuencia

Tiendo a ser más humilde que orgulloso.

Nunca	Casi nunca	A veces	Con frecuencia	Con mucha frecuencia

**Detesto profundamente la idea de mirar a los
demás por encima del hombro o ser un esnob.**

Nunca	Casi nunca	A veces	Con frecuencia	Con mucha frecuencia

**Quiero incluir a todo aquel que se
sienta excluido o rechazado.**

Nunca	Casi nunca	A veces	Con frecuencia	Con mucha frecuencia

**Mis amigos me conocen por ser una persona
que tiende la mano a los marginados.**

Nunca	Casi nunca	A veces	Con frecuencia	Con mucha frecuencia

**No juzgo a las personas por su
ropa o su apariencia.**

Nunca	Casi nunca	A veces	Con frecuencia	Con mucha frecuencia

**Me esfuerzo por ser menos egocéntrico
y no sentirme superior a los demás.**

Nunca	Casi nunca	A veces	Con frecuencia	Con mucha frecuencia

**Soy el primero en velar de que los
demás se sientan aceptados e incluidos
en cualquier ambiente social.**

Nunca	Casi nunca	A veces	Con frecuencia	Con mucha frecuencia

**Me esfuerzo mucho en amar a mis enemigos,
esas personas que me dificultan la vida.**

Nunca	Casi nunca	A veces	Con frecuencia	Con mucha frecuencia

Y ahora toma un momento para revisar tus respuestas. Si la mayoría de las veces has respondido «con frecuencia» o «con mucha frecuencia», vas camino de ser una persona muy accesible. Estás dispuesto a dejar a un lado tu orgullo y eso te vendrá bien. Si, por el contrario, la mayoría de las veces has contestado «nunca» o «casi nunca», te resultarán beneficiosas las enseñanzas de Jesús para ser más accesible.

«Mira que estoy a la puerta y llamo. Si alguno oye mi voz y abre la puerta, entraré, y cenaré con él, y él conmigo».

—Apocalipsis 3.20

Lo que Jesús nos enseñó sobre ser accesible

Algunos especialistas en arte lo consideran el cuadro más importante de la historia. Cuelga de las paredes del Museo del Hermitage de San Petersburgo, Rusia. Rembrand terminó este óleo dos años antes de su muerte, en 1669, y lo tituló *El regreso del hijo pródigo*. Nos mete de lleno en el potente clímax de la historia, el padre compasivo que acoge a su testarudo hijo.

Rembrandt no es el único artista famoso que ha representado esta escena. Artistas de todas las épocas y partes del mundo han encontrado inspiración en la parábola de Jesús sobre el regreso del hijo pródigo. El *Comentario bíblico del expositor*, obra de referencia en el estudio de las Escrituras, se refiere a ella como «la flor y nata de las parábolas». Al leerla, no podemos evitar sentirnos cautivados por este ejemplo de amor paternal. Y al igual que en todas las enseñanzas de Jesús, el mensaje es más profundo cuando se entiende dentro del contexto de la Palestina del siglo I.

No debemos perder de vista que Jesús le está contando la parábola a fariseos y escribas que se mofan de él por mostrarse tan accesible. «Este hombre recibe a los pecadores y come con ellos», murmuraban. No son capaces de sobreponerse al hecho de que Jesús interactúe con marginados impíos.

De manera que Jesús les cuenta una historia. La parábola comienza con un joven, el más pequeño de dos hermanos, que pide a su padre que le dé la parte de la herencia familiar que le corresponde. El hecho en sí debió de sorprender a los fariseos y los escribas que estaban presentes. El respeto por el padre de uno es de suma importancia para los judíos. Que el menor de los hijos pidiera la parte de su herencia a su padre, el patriarca de la familia y con buena salud, constituye una ofensa impensable. Es como decir: «Ojalá te murieses».

Aun así, el padre accede y entrega a su hijo la parte correspondiente de su herencia. El chico se marcha rápidamente a otro país con el dinero y se dedica a derrocharlo (la palabra «pródigo» significa en realidad «derrochador»). Cuando se le termina el dinero, se ve obligado a trabajar alimentando cerdos para poder vivir. Hambriento y sin dinero termina por entrar en razón. Decide entonces regresar a casa de su padre y disculparse por su estúpida conducta. Espera que su padre lo acepte, aunque sea para trabajar como sirviente.

De nuevo, Jesús da un giro sorprendente al argumento. El padre no solo acepta al hijo, sino que se muestra ansioso por celebrar su vuelta a casa: «Todavía estaba lejos cuando su padre lo vio y se compadeció de él; salió corriendo a su encuentro, lo abrazó y lo besó». No olvidemos que estamos en el siglo I, en Medio

Oriente; en aquella época un hombre digno y solemne jamás saldría corriendo, pues tendría que levantarse la túnica para no tropezar con ella, lo que significaría mostrar las piernas. Y en aquella cultura era vergonzoso y humillante que un hombre mostrara en público las piernas desnudas. Jesús subrayaba de este modo lo emocionado y ansioso que estaba el padre por ver a su hijo.

Lo más probable es que el padre no solo saliera corriendo por la emoción, sino también para llegar a su hijo antes de que nadie más lo viera. ¿Por qué? Porque el hecho de que un joven judío perdiera toda su herencia en compañía de gentiles y luego volviera a casa significaba que tendría que enfrentarse a la ceremonia de la *kezazah* delante de todos. Dicha ceremonia consistía en romper una vasija grande de barro delante de él, que simbolizaba el rechazo de la comunidad, y gritarle: «¡Acabas de romper los lazos con tu pueblo!». La comunidad lo rechazaría por completo.

En la historia de Jesús, el padre no piensa dejar que ocurra tal cosa. De manera que sale corriendo hacia su hijo *antes* de que entre en el pueblo. Sale corriendo para que su hijo no tenga que sufrir la vergüenza y la humillación del rechazo de la comunidad.

El emotivo encuentro con el hijo prófugo dejaba claro que no habría ceremonia *kezazah*; no habría rechazo, sino aceptación. El hijo había regresado arrepentido a ver a su padre. Y el padre había asumido la vergüenza que debería haber recaído sobre su hijo al darle la bienvenida delante de toda la comunidad.

Los fariseos y los escribas que, momentos antes, estaban mofándose de Jesús por mostrarse demasiado accesible debieron de quedarse mudos de asombro. El mensaje no podía ser más claro: el amor de Jesús era para todos, sin importar las leyes que hubieran quebrantado o los pecados que hubieran cometido. Jesús se mostraba escandalosamente accesible porque en ello radicaba la esencia de su amor.

Cómo ser más accesibles

Si tú quieres demostrar el mismo tipo de amor, no puedes andar haciendo juicios de valor. No puedes decidir de antemano si las personas lo merecen o no. No puedes evaluar si están a la altura de lo que esperas de ellas antes de mostrarles tu amor. Debes ser accesible para todo el mundo. La realidad, por dura que parezca, es que si quieres amar como Jesús, no puedes ser excluyente.

El orgullo, como ya he dicho antes, es veneno para el amor. Y la humildad es el antídoto. La humildad arroja luz sobre los rincones más oscuros de nuestros corazones, iluminando los lugares donde reina

Los que juzgan nunca comprenderán y los que comprenden nunca juzgarán.

—Wilson Kanadi

el egocentrismo y aplacando los impulsos de egoísmo y superioridad. Jesús ya lo señaló al decir que él había venido no para que le sirvieran, sino para servir. El apóstol Pablo reincidió en lo mismo cuando escribió:

> Nadie es una isla.
>
> —John Donne

«Cada uno debe velar no solo por sus propios intereses, sino también por los intereses de los demás».

De manera que si queremos amar como Jesús, tenemos que dejar el orgullo a un lado y ser humildes de corazón. Es un hecho. Pero Jesús va un paso más allá. Dice que si de verdad queremos ser accesibles y no excluir a nadie debemos hacer algo realmente escandaloso. Dice que debemos amar a nuestros enemigos. Y lo dice claramente: «Pero yo les digo: Amen a sus enemigos y oren por quienes los persiguen».

No sé qué pensarás tú, pero a mí me cuesta. Mi naturaleza me impulsa a tomar represalias contra aquellos que me tratan mal. Instintivamente siento la necesidad de igualar la situación y aun de quedar por encima. Entiendo lo de amar a nuestros vecinos, a nuestros amigos, a nuestra familia, incluso a los desconocidos. ¿Pero a nuestros enemigos?

Si tú también piensas que puede que Jesús no lo dijera en serio, que lo hiciera tan solo para escandalizar, recapacita. Lo dice más de una vez y se apoya en ejemplos: «Si alguien te pega en una mejilla, vuélvele también la otra. Si alguien te quita la capa, no le impidas que se lleve también la camisa. Dale a todo el que te pida y, si alguien se lleva lo que es tuyo, no se lo reclames». Me parece que esto es pasarse de «accesible», ¿no crees? Pues claro que sí. No es natural, es todo lo contrario. Por eso Jesús dice también que solo podremos amar a su manera un tanto radical cuando amemos desde «nuestros corazones creados por Dios». Y añade que: «Él [Dios] hace que salga el sol sobre malos y buenos, y que llueva sobre justos e injustos. Si ustedes aman solamente a quienes los aman, ¿qué recompensa recibirán? ¿Acaso no hacen eso hasta los recaudadores de impuestos? Y si saludan a sus hermanos solamente, ¿qué de más hacen ustedes? ¿Acaso no hacen esto hasta los gentiles?».

Lo entiendo. No quiero ser del montón. Al igual que tú, yo también busco lo extraordinario. Al igual que tú, yo también aspiro a amar como Jesús.

Entonces, ¿cómo lo hacemos? ¿Cómo se ama desde nuestro corazón creado por Dios? Tengo la tentación de responder con los tres pasos que recomienda Jesús: *bendice* a aquellos que te maldicen, *sé amable* con aquellos que te odian y *ora* por aquellos que te tratan mal. Bendecir, ser amable y orar. Da para preparar un bonito sermón. Y yo sé que es completamente cierto, sobre todo lo que se refiere a orar. «La oración no cambia a Dios, me cambia a mí», dijo C. S. Lewis. Pero apruebo la simplicidad y el pragmatismo del enfoque más conciso de Jesús: «Así que en todo traten ustedes a *los demás* tal y como quieren que ellos los traten a ustedes. De hecho, esto es la ley y los profetas».

Esa es la clave para mí. Me ocurre con bastante frecuencia que no conozco a mis «enemigos» hasta que me los encuentro delante, de repente y sin avisar. Tengo que amar desde mi corazón creado por Dios así, sin preaviso. Tengo que hacer acopio de fuerzas para mostrarme accesible cuanto antes. La mayoría de las veces no puedo permitirme el lujo de pensar en la estrategia de tres pasos que he mencionado un poco antes. Pero en mis mejores momentos sí soy capaz de pensar rápidamente en cómo querría que me trataran si yo fuera la otra persona. Y, por cierto, la respuesta no es «a la defensiva» o «con hipocresía».

He querido poner a prueba esa regla general de Jesús. Y ha sido un estruendoso fracaso, por supuesto. Muchas veces. Por ejemplo, hace poco, en un atasco de tráfico, hice el ridículo al gritarle por la ventanilla a un ciclista por golpear uno de los espejos retrovisores de mi coche porque aparentemente me había metido en su carril. «No pienso tolerarlo», me dije. Y a continuación le grité: «¡Quédate en el carril bici como el resto de las bicis, que para eso está, y no toques mi coche!». Toma ejemplo de humildad o de poner la otra mejilla. Toma ejemplo de accesibilidad.

Pero también he tenido momentos estelares al mirar dentro de mi corazón creado por Dios. Una vez recibí un acalorado correo electrónico de una colega de la universidad en el que me hablaba de la peregrina conclusión a la que había llegado sobre mi forma de hacer exámenes y calificar en una de mis clases.

Entre otras cosas, me acusaba de que el personal administrativo corregía los exámenes en mi nombre, algo absolutamente inaceptable en los círculos académicos, y algo que jamás se me ocurriría, por supuesto. Que fuera una acusación falsa no impidió que mi colega me echara una enorme bronca a la cara. Me sorprendió mucho no solo por lo atrevido e irracional de la acusación, sino por su ataque hacia mi persona.

De hecho, me enfureció tremendamente. *¿Por qué hace esta persona unas acusaciones tan disparatadas sin haber hablado siquiera del tema conmigo antes?* En ese momento, se convirtió en mi enemiga. Mi instinto me gritaba que contraatacara. Pero no lo hice. Opté por dejar a un lado mi ego, aunque me costara, y mostrarle lo que yo habría querido que me mostraran: cálida empatía.

«Molly (no se llama así en realidad)», le dije con amabilidad y sincera preocupación, «¿De dónde viene esta ira?». Ya está. En aquel momento de compasión sincera, me liberé. En aquel momento —en cuanto mi colega se percató de mi actitud generosa— le mostré mi mejor cara, mi corazón creado por Dios. No fue una técnica o una táctica. Mostré humildad sincera, me vacié por completo de mi ser. Bajé las defensas y dejé a un lado el orgullo esnob. Dejé a un lado mi deseo de ponerla en su sitio.

Me pidió disculpas. «Pensarás que estoy como una cabra», me confesó. Después me contó que estaba sometida a una cantidad desmesurada de estrés. Así, sin más, dejó de ser mi enemigo. Y yo ya no estaba furioso con ella.

Te garantizo que si le hubiera respondido del mismo modo que había hecho ella, la relación habría entrado en un bucle negativo. Yo me habría obsesionado con el tema y no habría dejado de darle vueltas a cómo debería haberlo gestionado. Habría perdido el sueño. Pero, sobre todo, habría perdido la oportunidad de ser la clase de persona que quiero ser. Y eso es algo que con toda seguridad lamentaría.

Este breve pasaje del Evangelio según Lucas (solo diez versos), en el que Jesús nos insta a amar a nuestros enemigos no una vez, sino dos, se cierra así:

> [...] háganles bien y denles prestado sin esperar nada a cambio. Así tendrán una gran recompensa y serán hijos del Altísimo, porque él es bondadoso con los

ingratos y malvados. Sean compasivos, así como su Padre es compasivo.

Cuando somos capaces de amar así, los sentimientos de superioridad se evaporan y experimentamos paréntesis espontáneos de compasión, generosidad de espíritu y bondad en nuestra vida. Nos volvemos accesibles hacia todo aquel que se siente marginado o rechazado. Cuando amamos como Jesús, amamos sin excluir, amamos incluso a nuestros enemigos.

Para reflexionar

- ¿Cuál sería tu reacción si formaras parte del experimento en el que todos respondieron incorrectamente a la pregunta de las rayas de distintas longitudes? ¿Serías fiel a tus convicciones sobre lo que sabes que es cierto o contestarías mal solo para sentirte aceptado? ¿Por qué o por qué no?
- ¿Te sientes identificado con Simón? Si te hubieran invitado a cenar a su casa con Jesús, ¿habrías entendido la decisión de Simón de tender una trampa a ese radical de Jesús que tanta controversia estaba levantando en tu templo?¿O habrías sentido vergüenza al oír sus preguntas? ¿Por qué?

- Jesús se mostraba excepcionalmente incluyente con aquellos a los que todos rechazaban, con los marginados que nadie quería. ¿Y tú? ¿Quieres ganarte una reputación por incluir a esas personas excluidas por todos los demás?
- Tras la lectura sobre la parábola del hijo pródigo, ¿te identificas más con el hijo o con el padre? ¿Por qué? ¿Qué sentirías y pensarías en ambos casos?
- ¿Cómo valorarías tu capacidad actual de dejar a un lado tu orgullo para mostrarte más accesible? ¿Tienes intención de no juzgar a los demás por su apariencia externa y acogerlos con los brazos abiertos para hacer que se sientan incluidos? ¿Por qué o por qué no?

CAPÍTULO 3

SER LLENO DE GRACIA

Aprendan de mí, pues yo soy apacible
y humilde de corazón.

—Jesús

—Me gustaría que te inclinaras un poco más hacia delante en tu asiento, Les.

Despacio, me senté en el borde del asiento, apoyé los codos en las rodillas y junté levemente las yemas de los dedos.

—Mmm... ¿Podrías no hacer eso con los dedos? Parece que estuvieras adoptando un poco la postura del juego de poder.

Cohibido por sus palabras, separé las manos y las apoyé simplemente en las rodillas.

—Bien. Y ahora busca el contacto visual, pero sin mirar fijamente.

Un miembro del equipo compuesto por tres psicólogos que observaban atentamente mis movimientos a través del cristal me hacía llegar las órdenes a través de un auricular inalámbrico.

—¿Sabes que mueves el pie derecho sin parar como si estuvieras nervioso?

Bueno, por supuesto que estoy nervioso. Es la primera vez que voy a actuar como un terapeuta. No era una sesión de práctica para clase. Mi paciente sabía que estaba con un recién licenciado, un psicólogo en prácticas, y yo sabía que no iba a poder ayudarlo mucho.

Me sentía un poco como un barbero a punto de hacer su primer corte de pelo. Seguro que no iba a resultar fácil.

—Recuerda, Les —dijo uno de mis instructores a través del auricular—, es cuestión de actitud más que de técnica. Tienes que sentir verdadera aceptación por esta persona.

Me estaban enseñando la *consideración positiva incondicional*, uno de los principios fundamentales en toda consulta de psicología.

La idea es transmitir una auténtica sensación de calidez y respeto por la persona independientemente de lo que están diciendo o de lo que han hecho. Separa

Cuando juzgamos a los demás, no los definimos a ellos, sino que nos definimos a nosotros mismos.

—Earl Nightingale

la conducta de la persona para ofrecer una actitud de gracia.

Esta actitud por parte del terapeuta permite a la persona mostrarse tal como es, confesar hasta la parte más oscura de su ser y sentir un profundo alivio al comprobar que sigue siendo aceptada y valorada como persona. Proporciona un espacio libre de juicios en el que poder admitir sus fracasos y sus defectos.

Y si te parece fácil, piénsalo dos veces. ¿Por qué? Porque la aceptación incondicional va en contra de la esencia misma del ser humano. Somos «condicionales» por naturaleza. Queremos que la gente *se gane* nuestro respeto, nuestra aceptación. No ofrecemos favores inmerecidos. Y no nos importa dar de lado a todo aquel que comete un desliz. Nos gusta ver sufrir al penitente. Qué más da que nosotros también tengamos numerosos fallos, nuestros reflejos se rigen por nuestros juicios. Siempre estamos listos para la crítica. Parece como si buscar fallos en los demás estuviera en nuestro ADN. Nos gusta buscar responsabilidades, llevar la cuenta. Por naturaleza buscamos justicia y equidad, no compasión y bondad.

Dicen que la compasión es que te perdonen las cosas malas que mereces, y que la bondad es recibir cosas que no mereces. El autor Max Lucado lo expresa así: «La compasión le dio una segunda oportunidad al hijo pródigo. La bondad le valió una fiesta».

Bondad, la gracia. De todas las cualidades que componen la base de su amor, todas ellas impresionantes y que llaman tremendamente la atención de la vida de Jesús, la bondad es la que más difícil me parece. Me encanta la idea de ser bondadoso. Estoy con Karl Barth en que: «La risa es lo más cercano a la gracia de Dios». Quiero sentir esa gracia sin límites, que me llene de emoción. Pero me cuesta —quizá también te pase a ti— porque la bondad es un don, incondicional, y no se puede ganar o lograr. La bondad sale de un corazón que no busca nada a cambio. Por definición, la bondad es injusta. No tiene lógica. Y ahí está la gracia. Si quieres amar como Jesús, no puedes dárselo únicamente a aquellos que lo merecen.

La gracia de Jesús

Consciente de nuestra resistencia innata a ser bondadosos, Jesús lo modeló una y otra vez, y puede que el ejemplo más claro sea la vez en que lo interrumpieron mientras proclamaba sus enseñanzas en el templo a primera hora de la mañana. Un grupo de fariseos y profesores de leyes engreídos irrumpen una mañana en su clase. Llevan a rastras a una mujer aterrada y la ponen ante él y sus alumnos, una mujer a la que han pillado *in fraganti*, cometiendo adulterio. Como

> **Todos podemos encontrar los trapos sucios de los demás. Pero no todos somos capaces de encontrar oro.**
>
> —Paráfrasis de Proverbios 11.27

es la costumbre, la mujer es condenada a descubrir su cuerpo hasta la cintura y sufrir la humillación pública. Está indefensa y se cubre el pecho desnudo aterrada delante de Jesús.

Desde el punto de vista de los fariseos, el espectáculo está diseñado no tanto para humillar a la mujer o castigarla, como para conseguir que Jesús se muestre como un hereje delante de toda esa gente que se ha reunido en el templo para escuchar sus enseñanzas. Quieren que caiga en su trampa.

La ley judía que Moisés les entregó especifica que el castigo por adulterio sea la muerte por lapidación. Sin embargo, la ley romana prohíbe que los judíos lleven a cabo ejecuciones. Los fariseos, creyéndose muy listos al presentarse de improviso en el templo mientras Jesús impartía sus enseñanzas con el propósito de pillarlo en un renuncio, se muestran ansiosos por ver cómo soluciona la situación, un caso claro de decidir entre las leyes de Moisés y las de Roma. Se preguntan incluso si aquel rebelde de Jesús, conocido por sus actos de piedad y por predicar el perdón, dejaría escapar a la adúltera.

En la mente de los fariseos eso solucionaría el problema, pues demostraría la mentalidad herética de Jesús. Creyeron que lo habían atrapado en una situación imposible de dirimir.

—¿Qué dices, Jesús? —preguntan.

Él no pretende caer en la trampa. Así que en vez de contestar, se inclina y escribe algo en el suelo. Los presentes aguardan en silencio con curiosidad. ¿Qué es lo que escribe? Puede que fueran sus nombres o tal vez una lista de pecados o de leyes. La Biblia no lo especifica. Se limita a decir que Jesús se endereza al cabo de un momento y dice algo totalmente inesperado:

—Aquel de ustedes que esté libre de pecado, que tire la primera piedra.

Y continúa escribiendo en el suelo.

Con la afirmación flotando en el aire, los líderes religiosos ataviados con ricas vestiduras se sienten tan vulnerables como la mujer culpable que han llevado a rastras al templo. Uno por uno, salen del templo con el rabo entre las piernas. Cuando ya no queda nadie que quiera hacer acusaciones, tan solo Jesús y la mujer, este le pregunta:

—¿Dónde están? ¿Es que nadie te ha condenado?

—Nadie, señor —responde ella.

—Yo tampoco te condeno —le dice él—. Y ahora ve y abandona tu vida de pecado.

Salvada en vez de lapidada. La mujer culpable recibe gracia, no acusaciones de culpabilidad. Y con esta gracia, Jesús le regala una nueva vida. «Cristo nos acepta como somos, pero al hacerlo, nosotros no podemos seguir comportándonos como hasta ese momento», dice Walter Trobisch.

No puedes estudiar la vida de Jesús y evitar esa gracia capaz de alterar tu vida. Es la personificación de la gracia. Reconoce que el pecado es feo, pero elige ver más allá. En los cuatro Evangelios, Jesús irradia bondad no solo en sus enseñanzas, sino en su vida: hacia una mujer pillada en adulterio, un recaudador de impuestos mentiroso, un soldado romano, una samaritana con diversos maridos consecutivos, una prostituta avergonzada. Jesús regala gracia a espuertas. «Jesús no identificaba a la persona con su pecado, sino que veía algo en el pecado que estaba fuera de lugar, algo que no le pertenecía a la persona en cuestión, algo... de lo que debía liberarla para devolverle su esencia verdadera», escribió el teólogo Helmut Thielicke.

Y no hay un caso más claro de cómo separaba el pecado del pecador que los últimos momentos de su corta vida en la tierra. Tras someterlo a una tortura cruel e indescriptible, los soldados romanos llevan a

Quien no

es capaz de

perdonar a los

demás, rompe

el puente por

el que tendrá

que cruzar.

—Edward Herbert

Jesús de Nazaret un poco más allá de los muros de la ciudad de Jerusalén, a un lugar que los lugareños llamaban Calvario o Gólgota, «el lugar de la calavera», e inician el salvaje ritual de crucificarlo clavándole las manos a la cruz. Lo habitual era dar a la víctima algo que le calmara un poco el dolor, no en un acto de piedad, sino para facilitarles la tarea de fijar con clavos los miembros a la cruz de madera. Jesús rechaza la medicina, probablemente para permanecer consciente.

Dos soldados le sujetan los brazos extendidos con el peso de sus cuerpos mientras un tercero inserta un clavo de hierro de quince centímetros de largo en cada mano. Tiene los pies flexionados en un ángulo extremo, uno sobre el otro y sujetos los dos con un tercer clavo. Después levantan la cruz e introducen la base en un agujero en la tierra con un doloroso golpe sordo. Mientras el implacable escuadrón de la muerte fija la cruz para que se mantenga bien recta, Jesús, que lleva horas sin decir una palabra, entona una oración entre susurros: «Padre, perdónalos, porque no saben lo que hacen».

Gracia sin medida. Encima del sufrimiento físico que debió sentir, tuvo que aguantar las mofas y los insultos de los asesinos romanos y los espectadores: «Tú, que ibas a destruir el templo y volver a construirlo en tres días, ¡sálvate a ti mismo y baja de la cruz!».

Los líderes religiosos también se mofaban: «El que salvó a otros y ahora no puede salvarse a sí mismo». Soportando un dolor inimaginable, el nazareno ofrece la gracia y el perdón a sus perseguidores.

Pero la extensión de su gracia no termina ahí. Jesús, treinta y tres años, colgado en una cruz a varios metros del suelo entre dos ladrones, minutos antes de su muerte, aún realiza un acto de gracia más. Uno de los delincuentes arroja sobre él todo tipo de insultos:

—¿No eras el Mesías? ¡Sálvanos entonces!

—Merecemos este castigo por nuestros actos. Pero este hombre no ha hecho nada malo —replica el otro ladrón a su compañero. Y a continuación le dice a Jesús—: Jesús, acuérdate de mí cuando entres en tu reino.

—No te preocupes, lo haré. Hoy vendrás conmigo al paraíso.

Jesús podría haber respondido con actitud condenatoria. Podría haber condenado a sus despiadados ejecutores, así como a los devotos líderes religiosos y al criminal declarado culpable que aguardaba la muerte en la cruz de al lado. Podría haber rogado a Dios que los bajara a todos de la cruz. Pero en su lugar, Jesús, el hombre que aceptaba a todos incondicionalmente, tiene gracia para regalar a los demás, aun en sus últimos momentos de vida.

Gracia

sustantivo

El propio Jesús no solía usar el término *gracia*, pero sí hablaba con frecuencia del concepto. La gracia suele estar vinculado con el término «favor», como cuando decimos el «favor inmerecido» de Dios. No hace falta ganar condecoraciones al mérito. No tenemos que *hacer algo* para conseguirlo. La gracia es un don inmerecido e incondicional. Como dice Pablo: «Porque por gracia ustedes han sido salvados mediante la fe; esto no procede de ustedes, sino que es el regalo de Dios».

Si observamos la raíz griega de la palabra *gracia, charis*, veremos que significa «alegre», «feliz». Si hacemos lo mismo con la raíz hebrea, *chen*, averiguaremos que significa «inclinarse», «agacharse». De modo que al combinar ambos orígenes, encontramos que el significado de gracia es «inclinarse alegremente», es decir, mostrarse inferior al otro de buena gana. Y eso es precisamente lo que hizo Dios al enviarnos a Jesús. «Así es como Dios mostró su amor por los hombres: enviando a su único hijo para que pudiéramos vivir a través de él». Como dijo Philip Yancey en *What's So Amazing About Grace* [Lo que es tan asombroso acerca de la gracia]: «Aunque cada religión ofrece una manera de obtener la aprobación, solo el cristianismo se atreve a convertir en incondicional el amor de Dios».

Se cuenta una historia de un grupo de profesores universitarios de Oxford que discutían sobre cuáles eran los aspectos únicos del cristianismo. Unos decían que la creación o la cruz. Otros sugerían la Biblia, los milagros y la esperanza. Cuando C. S. Lewis entró en la sala, le preguntaron qué era, en su opinión, lo que aportaba el cristianismo a la religión. Y sin dudarlo contestó: «Fácil. La gracia [de Dios]».

La gracia resulta tan esencial para aquellos que siguen las enseñanzas de Jesús que el apóstol Pablo dijo que la iglesia se fundamentaba en «el evangelio de la gracia de Dios». El término aparece en el Nuevo Testamento en más de un centenar de ocasiones. Esta revelación de la gracia verdaderamente proviene de Dios. Los seres humanos no habrían podido imaginarla siquiera. En nuestra naturaleza está el hecho de alabar al virtuoso y castigar al culpable. Pero a Dios le agrada dar aceptación incondicional y ofrecer su gracia inmerecida a todo aquel que la desee.

Qué es lo que nos impide
ofrecer la gracia como Jesús

Si tuvieras que valorar tu capacidad para dar el beneficio de la duda a los demás o hasta qué punto eres capaz
de aceptar ver las cosas desde una perspectiva distinta
a la tuya, ¿dirías que estás por encima de la media?
Claro que sí. Nadie aceptará que es una persona corta
de miras. Por eso casi todo el mundo se sitúa «por encima de la media» cuando hablamos de la percepción
que tenemos de nosotros mismos.

Y lo que aún resulta más sorprendente es que la
mayoría de las personas pensamos que son *los demás*
los que se dedican a juzgar a todo el mundo. Psicólogos
sociales de la Universidad de Cornell descubrieron que
esto era así mientras hacían pruebas sobre niveles de
competencia. Llegaron a la conclusión de que las «personas incompetentes no saben que lo son».

Supongo que tiene sentido. Estaríamos más dispuestos a creer lo buenos que somos que a afrontar el
hecho de que en realidad somos beatos y tendemos a
juzgar a los demás. Por eso nos engañamos a nosotros
mismos. Y el autoengaño está a un paso de la santurronería. No nos gusta admitir nuestros fallos, ni siquiera
ante nosotros mismos. Y no es porque seamos unos
narcisistas, sino porque somos humanos. Rechazamos
lo que no concuerde con nuestra autoimagen y en su

lugar nos fijamos en lo malo de los demás. Lo hacemos sin pensarlo siquiera. Es más, lo hacemos de manera inconsciente:

- **¿Por qué no es capaz esa madre de controlar a sus molestos hijos?** De forma inconsciente estamos diciendo: «Me gustaría ser mejor madre, y cuando juzgo a esa mujer que parece tener problemas para controlar a sus hijos, me siento mejor conmigo misma».
- **Ese tipo no deja de sonreír. Qué odioso y falso me parece.** De forma inconsciente estamos diciendo: «Me gustaría ser una persona más feliz. Pero como no lo soy, juzgar a ese hombre me hace sentir mejor».
- **Menuda pandilla de fracasados todos esos que salen a manifestarse en las calles. Lo que les hace falta es conseguir un trabajo.** De forma inconsciente estamos diciendo: «Su convicción y activismo me dan miedo, pero llamarlos vagos me hace sentir moralmente superior a ellos».

Los psicólogos sociales lo llaman *sesgo de negatividad*. El resto de nosotros lo llamamos juzgar a los demás. Son los demás los que son así, ¿verdad? Seamos francos. Todos juzgamos a los demás. Acechando bajo la superficie de nuestro pensar consciente, pensamos:

Qué espantoso comportamiento el de tal o cual persona. A mí no se me ocurriría. Necesitamos que quede bien claro que nosotros somos totalmente distintos de esas personas que hacen cosas horribles. Necesitamos subrayar ante nosotros mismos que jamás nos rebajaríamos a hacer lo que ellos. Es un movimiento de defensa para proteger nuestra «pureza», dice el autor Terry Cooper. «*Necesitamos encontrar fallos a los demás para no ver los nuestros.*» El juzgar a los demás encuentra su identidad en lo que *no es*.

> **¡Ah, favor efímero de los mortales, que buscamos más que la gracia de Dios!**
>
> —William Shakespeare

Por eso recurrimos al acto de juzgar a los demás cuando nos sentimos inseguros. Nos hinchamos como los pavos, alimentamos nuestro autoengaño y nos convencemos de que somos superiores. Como una droga que alivia el dolor de forma instantánea, destrozamos a los demás para sentirnos superiores. Todos conocemos la enseñanza sabia: «No juzguen a nadie, para que nadie los juzgue a ustedes». Pero somos adictos a nuestro engaño.

Juzgar a los demás ejerce un control sobre nosotros. Quien diga lo contrario miente. Tal vez pensemos que estamos por encima de la media cuando hablamos de juzgar a los demás, pero como dice Byron Langenfeld: «Es inusual encontrar a la persona capaz de considerar los fallos de los demás y que no busque salir mejor parado».

Juzgar siempre será una parte de nuestra naturaleza. Siempre sufriremos espasmos morales de santurronería. ¿Cuál es la solución? Ser *menos* crítico. Nuestro objetivo es quitarnos el dedo de la balanza de juzgar a los demás. ¿Por qué? Porque hacer juicios nos impide ser personas que ofrecen la gracia. No puedes dar gracia cuando te sientes superior. La gracia está solo en los corazones humildes.

¿Hasta qué punto eres una persona llena de gracia?

Tómate un momento y responde con sinceridad con qué frecuencia has vivido cada una de las siguientes situaciones en la última semana y descubrirás lo inclinado que estás ahora mismo a abrirle tu corazón a los demás. Puedes completar una autoevaluación en línea (solo disponible en inglés) en LoveLikeThatBook.com y recibir un resumen de su progreso en el camino.

UN AMOR COMO ESE

**No busco que los demás se ganen mi
respeto; les muestro que yo sí los respeto.**

Nunca	Casi nunca	A veces	Con frecuencia	Con mucha frecuencia

No critico a los demás ni les busco fallos.

Nunca	Casi nunca	A veces	Con frecuencia	Con mucha frecuencia

Como Jesús, separo el pecado del pecador.

Nunca	Casi nunca	A veces	Con frecuencia	Con mucha frecuencia

**Muestro amor, respeto y aprecio en
abundancia a personas que no lo merecen.**

Nunca	Casi nunca	A veces	Con frecuencia	Con mucha frecuencia

**Las personas que me conocen bien dirían
que soy una persona que da gracia.**

Nunca	Casi nunca	A veces	Con frecuencia	Con mucha frecuencia

Sé que Dios me ama de forma incondicional.

Nunca	Casi nunca	A veces	Con frecuencia	Con mucha frecuencia

**Cuando veo que alguien tiene mala conducta,
me inclino a darle el beneficio de la duda
hasta conocer mejor la situación.**

Nunca	Casi nunca	A veces	Con frecuencia	Con mucha frecuencia

**Siento el amor de Dios en mi vida y sé que
lo recibo incluso cuando no lo merezco.**

Nunca	Casi nunca	A veces	Con frecuencia	Con mucha frecuencia

**Estoy más inclinado a mostrar un corazón
abierto que a señalar con un dedo acusador.**

Nunca	Casi nunca	A veces	Con frecuencia	Con mucha frecuencia

**Siempre veo lo mejor en las personas. Incluso
cuando son malas, quiero lo mejor para ellos.**

Nunca	Casi nunca	A veces	Con frecuencia	Con mucha frecuencia

Si la mayoría de las veces has respondido «con frecuencia» o «con mucha frecuencia», vas camino de tener un corazón abierto y lleno de gracia. Tu disposición de dejar a un lado tu actitud reprobadora y a dar el beneficio de la duda es fuerte, y eso te vendrá bien. Si, por el contrario, la mayoría de las veces has contestado «nunca» o «casi nunca», te resultarán beneficiosas las enseñanzas de Jesús de estar más dispuesto a aceptar a los demás y ser lleno de gracia.

Lo que Jesús nos enseñó sobre dar gracia

Durante un viaje a Roma, me dieron permiso especial para visitar la necrópolis vaticana, dos plantas por debajo de la impresionante basílica de San Pedro. Al mausoleo, en el que se cree que descansan los restos del primer discípulo de Jesús, Pedro, se llega por un camino angosto y mal iluminado en la antigua ciudad de los muertos. Los pasillos de la necrópolis se parecen a las calles de la antigua Roma, solo que los pasillos de la primera están flanqueados por tumbas en vez de tiendas y pisos. Unas palabras en griego escritas en la pared marcan el lugar exacto: «Pedro está aquí dentro».

Algo en el hecho de caminar por aquel pasillo y detenerme allí, en el lugar en el que Pedro fue martirizado hace dos mil años, me llevó a pensar en la relación de este con Jesús.

Pedro, más que cualquier otro discípulo, experimentó la gracia de Jesús a nivel personal. A fin de cuentas, Pedro negó conocer a Jesús incluso después de declarar: «Jamás te negaré». La confusión emocional que se oculta tras la negación de Pedro y el posterior arrepentimiento y aceptación de Jesús cobran sentido

Amar a alguien significa verlo tal y como Dios quiso que fuera.

—Fiodor Dostoyevski

cuando piensas en la pregunta que le hizo a Jesús un día: «Nosotros lo hemos dejado todo para seguirte. ¿Qué ganamos con ello?»

Pedro piensa como yo. Yo habría preguntado lo mismo.

Jesús entendió la pregunta que le hacía Pedro y en su característica forma de predicar, le contó la historia de un capataz que estaba contratando mano de obra para trabajar en los viñedos que regentaba a primera hora de la mañana. Acordaron que la paga sería un dólar la jornada y se fueron a trabajar.

Más tarde, hacia las nueve de la mañana, el terrateniente vio un grupo de hombres sin trabajo en una plaza. Y los contrató. Hizo lo mismo al mediodía y a las tres de la tarde. Y de nuevo a las cinco. Todos fueron a trabajar a su viñedo. Al terminar la jornada, el dueño de los viñedos ordenó a su capataz que reuniera a los trabajadores para pagarles el jornal. Le pidió que empezara por los últimos que había contratado.

Los que contrató a las cinco de la tarde recibieron un dólar. Cuando los que había contratado al comenzar el día se dieron cuenta, supusieron que a ellos les pagaría más. Pero recibieron lo mismo, un dólar. Aceptaron la paga, pero se quejaron amargamente al capataz: «Esos hombres han trabajado solo una hora y les has pagado lo mismo que a nosotros, que nos hemos pasado el día bajo un sol abrasador».

El capataz respondió al que parecía el portavoz: «Amigo, no he cometido ninguna injusticia contigo. Acordamos un dólar la jornada, ¿no es así? Tómalo y vete. Decidí pagar al último lo mismo que a ti. ¿Acaso no puedo hacer lo que quiera con mi dinero? ¿Te vas a comportar de forma mezquina porque soy generoso?». Y luego hablamos de ser poco convencional. Si Pedro quería sacar algún tipo de beneficio de la parábola, no halló lo que buscaba. Pensando que había trabajado durante más tiempo y con más intensidad que los demás, Pedro asumió, como todos nosotros, que recibiría una recompensa acorde a su esfuerzo. Pero el dador de gracia nazareno no se rige por un sistema de recompensas por niveles. No es así como funciona su viñedo.

Si crees que mereces más que otros, se te ha olvidado ya cómo llegaste al viñedo. Al comparar tu trabajo con el de los demás, se te escapa el objeto del acuerdo de pago por el jornal. La gracia no depende de las horas que trabajes, los resultados que obtengas o el trabajo que realices. Por eso los primeros serán los últimos y los últimos, los primeros en este viñedo lleno de gracia. Desafía toda lógica.

En otra parábola, Jesús advertía de que los granjeros que se concentran en arrancar las malas hierbas pueden llevarse por delante el trigo también. ¿Qué quiere decir con esto? Que los juicios reprobatorios se

llevan por delante la gracia. Dejemos los juicios para el
único Juez.

Jesús solía hablar a menudo de la gracia, aunque
casi nunca utilizaba el término. Se ayudaba de historias
para ilustrarlo. Pero en algunas situaciones, no escati-
maba en palabras sobre criticar a los demás. Dejó muy
claro su mensaje sobre los juicios reprobatorios en su
Sermón del Monte:

No juzguen a nadie, para que nadie los juzgue a
ustedes. Porque tal como juzguen se les juzgará, y
con la medida que midan a otros, se les medirá a
ustedes.

¿Por qué te fijas en la astilla que tiene tu hermano en el ojo, y no le das importancia a la viga que
está en el tuyo? ¿Cómo puedes decirle a tu hermano:
«Déjame sacarte la astilla del ojo», cuando ahí tienes una viga en el tuyo? ¡Hipócrita!, saca primero la
viga de tu propio ojo, y entonces verás con claridad
para sacar la astilla del ojo de tu hermano.

Este mensaje no requiere interpretación. La hipocresía y la santurronería no tienen sentido para Jesús.
Deja de buscarle tres pies al gato. Deja de despotri-
car contra los demás para subirte el ego. No puedes
ser una persona hipercrítica *y* un dador de gracia al
mismo tiempo. Es imposible. Si vas dando lecciones de

superioridad moral, seguro que a ti te juzgarán del mismo modo. Jesús no tiene pelos en la lengua a la hora de decir que la superioridad moral invalida la gracia.

Cómo ser un mejor dador de gracia

Acababa de subir al estrado en el Rose Garden Arena de Portland, Oregon, donde casi diez mil personas se habían congregado para asistir a un seminario sobre el matrimonio. Se suponía que ese día, los seis oradores que formaban parte del seminario iban a presentar una breve visión de conjunto sobre lo que después expondrían con más detalle en los dos días siguientes. Justo antes de que los demás pasáramos por el atril, mi amigo Gary Smalley se metió al público en el bolsillo cuando sacó un billete nuevecito de cincuenta dólares y preguntó: «¿Quién quiere este billete?». Numerosas personas levantaron la mano. Y entonces dijo: «Le daré este billete de cincuenta dólares a uno de ustedes, pero antes déjenme que haga una cosa». Y acto seguido hizo una pelota con el billete. «¿Quién sigue queriendo el billete?». Volvieron a levantarse las mismas manos.

«Bueno...» dijo. «¿Y si hago esto?». Tras lo cual, tiró el billete al suelo y empezó a pisotearlo. Después lo recogió. Estaba arrugado y sucio. «¿Y ahora?». Las manos volvieron a levantarse. «Han aprendido una valiosa

lección. Da igual lo que haga con el dinero, siguen que-
riéndolo porque su valor no disminuye. Siguen siendo
cincuenta dólares», dijo Gary.

Tras esta sencilla ilustración subyace un mensaje
realmente profundo. Las decisiones que tomamos o
las circunstancias que experimentamos a lo largo de
nuestra vida nos harán sentir abandonados, tirados y
aplastados como una colilla. Es posible que sintamos
que no valemos nada, que somos
insignificantes para nosotros
mismos y para los demás. Pero
independientemente de lo que
nos haya ocurrido o de lo que
nos pueda ocurrir, jamás perde-
remos valor si elegimos recibir la
gracia de Dios.

> «Perdónalos.
> No saben lo
> que hacen».
>
> —Jesús

Tal vez hayas interiorizado el
mensaje que recibió el público de
Portland aquel día y ya sepas lo que es haber recibido la
gracia de Dios. Puede que ya sepas en el fondo de tu ser
que tu valor es el mismo siempre. *Ser digno de recibir
el amor de los demás* es un concepto bien enraizado en
el amor infinito de Dios hacia todos nosotros. No te
hace falta esforzarte más, mejorar tu aspecto o ganar
premios. Ya conoces y vives el mensaje más profundo
jamás expresado: que tu valor es inestimable porque
eres obra del Creador.

No entiendo en absoluto el misterio de la gracia. Lo único que sé es que nos encuentra en un momento dado, pero no nos deja donde nos encontró.

—Anne Lamott

Sin embargo, sí es posible que aunque ya hayas experimentado la gracia de Dios en *algún* momento, no sientas el amor incondicional de Dios en *todo* momento. El trabajo de los expertos revela que si bien muchos de nosotros hemos oído hablar de la verdad sobre nuestra valía a los ojos de Dios, la mayoría de nosotros no es capaz de incorporarlo a su día a día. Es como si no fuera algo que marcase la diferencia. Oímos el mensaje. Estamos de acuerdo con él. Y ya está. Pero en vez de mostrarnos totalmente seguros de nuestra aceptación incondicional —sentirla en nuestro interior cada día— volvemos a caer en la costumbre de intentar ganárnosla. Aunque sepamos que nuestro Creador nos ama, la única forma de sentirnos mejor con nosotros mismos es ganarnos la aprobación de los demás.

Es como si nos encontráramos en una búsqueda cósmica para *establecer* nuestro valor, demostrarlo, ganarlo, merecerlo. Y poder relajarnos una vez encontremos lo que andamos buscando, aunque solo sea temporalmente. Al final, las personas a las que buscamos agradar, ya sean nuestros padres, nuestra pareja, un amigo, un consejo de administración o público de alguna clase, deja de mandarnos *mensajes de amor*. El resultado es que retomamos nuestra búsqueda interminable. Y esa búsqueda infructuosa hace que sea imposible que podamos amar como Jesús. ¿Por qué? Porque no podemos darles gracia a los demás cuando no recibimos esa gracia para empezar. Cuando estamos ocupados ganándonos la aceptación de Dios, empezamos a pensar que todos los demás deberían ganársela también. Empezamos a juzgar. A sentirnos superiores moralmente.

Si quieres ser un mejor dador de gracia, tienes que recibir de forma continua y consciente la gracia que Dios te muestra. «Pero a quien poco se le perdona, poco ama», dijo Jesús. Cuanta más gracia recibimos, más amor damos. Si no somos conscientes de la aceptación incondicional de Dios en nuestra vida, no podemos mostrársela a los demás. Ya se encargan de ello los juicios de superioridad.

La verdad es que la gracia de Dios se recibe, no se consigue. No depende de que lo hayamos hecho por él, sino de lo que él, Dios, ha hecho por nosotros. Y recibir de forma continua la gracia de Dios —en lo más profundo de nuestro ser— es el único remedio duradero ante juicios de valor

> La naturaleza humana se resiste con fuerza a la bondad porque esta nos cambia y el cambio es doloroso.
>
> —Flannery O'Connor

y actitudes de superioridad moral. «Ser cristiano significa perdonar lo inexcusable, porque Dios nos perdonó lo inexcusable», dijo C. S. Lewis.

El amor no es la fuente de la gracia, sino la prueba. Cuando somos conscientes de la gracia de Dios en nuestra vida, automáticamente nos mostramos más cariñosos y tolerantes. No soy ingenuo en lo que respecta a los juicios que hago. No creo que sea posible vivir sin juzgar a nadie nunca. Pero una vez que aceptas la gracia de Dios, una vez que eres consciente de este don que cada uno de nosotros recibe continuamente, estás más cerca de amar como Jesús.

La gracia es una decisión al final. Clara Barton, fundadora de la Cruz Roja, estaba hablando un día con un amigo y salió a colación el nombre de una persona que conocían los dos. Años antes, aquella persona había tratado a Clara de una forma muy grosera. Su amigo le preguntó:

«¿No recuerdas cuando ella te hizo eso?».

«No», Barton replicó. «Lo que sí recuerdo es haber decidido olvidarlo».

Clara Barton tomó una decisión. Una decisión difícil. La misma que tú y yo tomamos cada vez que ofrecemos la gracia. Sin embargo, he aprendido la manera de que me resulte más fácil hacerlo. Tiene que ver con la curiosidad. «La curiosidad tiene su propia razón de existir», dijo Albert Einstein. Y puede que ese sea el

Errar es humano; perdonar, inusual.

—Franklin P. Adams

truco. La próxima vez que sientas la necesidad de hacer un juicio de valor, pregúntate por la curiosidad. ¿Por qué? Porque la curiosidad aplasta las críticas y la superioridad moral. La curiosidad crea un espacio para la gracia. ¿Cómo? Las evaluaciones que hacemos de los demás se deben casi siempre a que nos falta información. Rellenamos los huecos de lo que no sabemos con prejuicios. Mientras que la curiosidad los mantiene a raya. Nos abre la mente a la posibilidad de que exista algo en una determinada situación que no acabamos de entender por completo.

Cuando veas a alguien y *creas* que se está comportando mal o está haciendo algún tipo de estupidez, hazte esta pregunta: «¿Le pasará algo que desconozco?». Con esta sencilla pregunta te acercarás a la gracia y te alejarás de los juicios de superioridad moral.

Pero no te equivoques. Hacerte esta pregunta no es fácil. Juzgar a los demás sí lo es. Llegar a poder hacerse esta sencilla pregunta requiere esfuerzo, empatía y una generosa cantidad de autocontrol. Tienes que presionar el botón de «pausa» emocional. Tienes que esperar un momento antes de actuar. Alguien hace un comentario desagradable sobre una persona que no lo merece, tal vez seas tú esa persona. Lo que te pide el cuerpo es defenderte. Pero debes hacer una pausa. Pregúntate: «¿Qué llevaría a una persona adulta a actuar de una forma tan mezquina?». Ahí lo tienes. Un poco de curiosidad logrará contener la necesidad de responder con un altanero juicio de valor. La pregunta deja a un lado la culpa y permite que la gracia entren en escena.

Un rabino decía que las experiencias relacionadas con Dios no se pueden planear ni lograr. «Son momentos espontáneos, casi accidentales, de gracia».

Uno de sus alumnos le preguntó un día: «Rabino, si cobrar consciencia de Dios es algo accidental, ¿por qué nos esforzamos tanto con tanta práctica espiritual?».

A lo que el rabino respondió: «Para ser propensos a este tipo de accidente».

Lo mismo puede aplicarse a los momentos de gracia espontáneos, esos momentos en los que sustituimos la condena por amor inmerecido. Ya lo ves, cuanto más curiosos somos, más posibilidades tenemos de experimentar verdaderos momentos de gracia en nuestras relaciones con los demás. Y más posibilidades tenemos de amar como Jesús.

Para reflexionar

- ¿Qué opinas de que la compasión es que te perdonen las cosas malas que mereces, y que la gracia es recibir cosas que no mereces? ¿Estás de acuerdo? ¿Por qué o por qué no?

- Imagina que estás en el templo escuchando las enseñanzas de Jesús cuando llegaron los líderes religiosos con la mujer acusada de adulterio. ¿Qué crees que se te pasaría por la cabeza al ver que querían poner en evidencia a Jesús? ¿Habrías estado de acuerdo con la respuesta que Jesús le dio a la mujer?

- ¿Dirías que estás por encima de la media en lo que respecta a no juzgar a los demás? La mayoría de la gente cree que es más bondadosa de lo que en realidad es. ¿Cómo es eso? ¿Y qué puedes hacer, en la práctica, para mantener a raya los juicios de valor?

- En el viñedo de la gracia que describe Jesús en la parábola que cuenta a Pedro y a los otros discípulos, dice que los primeros serán los últimos y los últimos, los primeros. ¿Qué opinas? Sé sincero. ¿Te molesta? ¿Qué lección sacas de esta parábola que pueda aplicarse a tu realidad?

- Tal vez creas que Dios te ama. ¿Estoy en lo cierto? Pero cuando piensas en ello, ¿eres de los que sigue pensando realmente que tiene que ganarse el amor de Dios? ¿Qué es lo que te lleva a caer en este error bíblico? ¿Crees que recibir el amor incondicional de Dios a nivel personal es el motor que nos impulsa para amar a los demás de forma incondicional?

CAPÍTULO 4

SER ATREVIDO

Tu deber es ser genuino, no popular.

—Jesús

Estás sentado en una enorme sala de conferencias escuchando una disertación tremendamente complicada. Al cabo de media hora de cháchara incomprensible, el orador hace una pausa y pregunta si hay alguna pregunta. Nadie levanta la mano.

Miras a tu alrededor. ¿De verdad que todas esas personas saben de qué habla el hombre? Personalmente, estás totalmente perdido. Te asusta parecer idiota y por eso no levantas la mano, y al mirar a tu alrededor, das por sentado que los demás lo han entendido todo. Si no, habría preguntas. Lo cierto es que ellos piensan igual que tú. No preguntan porque nadie lo hace.

Los psicólogos sociales lo denominan *ignorancia pluralista*. Se da cuando un grupo de personas actúa de una determinada manera porque equivocadamente piensan que el resto lo entiende o acepta. La ignorancia pluralista hace que, por ejemplo, las compañías continúen llevando a cabo estrategias fallidas o que los gobiernos se empecinen en implantar políticas extranjeras impopulares. La ignorancia pluralista es obstinada. Lo hace hasta que alguien se atreve a alzar la voz.

Hans Christian Andersen, el famoso escritor danés de cuentos infantiles, ilustró este fenómeno en el cuento «El traje nuevo del emperador», allá por 1835, mucho antes de que los científicos le pusieran nombre. Seguro que conoces la historia.

Un emperador narcisista se rodea de personas que solo le dicen lo que quiere oír. Los intimidados ciudadanos están tan atemorizados y acobardados que no se atreven a incumplir los edictos del emperador ni a criticar sus deseos.

Entonces aparecen los dos timadores. Testigos de la ridícula situación que vive el imperio, se dan cuenta de que pueden ganar mucho dinero sin esfuerzo. Anuncian que son los mejores sastres del mundo y se ofrecen a fabricar un fastuoso traje para el emperador, ropas nunca vistas. El truco reside en decir que tan

No hay nada más aterrador que la ignorancia en acción.

—Johann Wolfang von Goethe

regias prendas tienen un precio exorbitante. Y como la vanidad es caprichosa, el emperador insiste en que le fabriquen el traje.

Tras reunir el dinero, los estafadores fingen ponerse a trabajar como si fueran sastres de verdad. Toman medidas al emperador y le hacen varias pruebas. Todo el reino aguarda impaciente el día que el emperador aparezca con su traje nuevo, pues corre el rumor de que solo los más puros de corazón podrán ver los maravillosos ropajes.

Por fin llega el día y el emperador se viste con su traje nuevo. Todo son alabanzas para el fastuoso traje cuando desfila por la ciudad delante de todos.

Sin embargo, lo que el pueblo no sabe es que el emperador tiene dudas sobre la pureza de su propio corazón. Porque él no puede ver las ropas. Consciente de que no puede permitir que su pueblo note su consternación, el emperador sigue adelante con el desfile. El público se muestra cautivado con el nuevo traje. De repente, de entre la multitud, se oye la voz de un niño: «¡El emperador va desnudo!».

El emperador queda horrorizado. El público no da crédito. Pero poco a poco, los presentes van dándose cuenta de lo que ocurre: ¿quién puede haber más puro de corazón que un niño? Es obvio que el emperador va desnudo. Todos lo pensaban. Pero nadie se atrevía a decirlo. Le seguían la corriente solo porque no tenían agallas para decirle la verdad.

Y así nació una lección que perdura hasta nuestros días: no puedes rehuir de lo que es verdadero; exige audacia. Pero mucho antes de que se escribiera este cuento, Jesús ya se enfrentó a situaciones incongruentes en su propia cultura religiosa. De hecho, él sí tuvo el valor de echar por tierra la ignorancia pluralista de su tiempo. Fue valiente cuando la situación requirió que fuera genuino, auténtico y sincero.

Si quieres amar como Jesús, no puedes rehuir de aquello que sabes que es verdad y es lo correcto. No puedes guardar silencio solo para pasar desapercibido. Amar como Jesús no es para cobardes. Requiere ser valiente para ser auténtico. Requiere ser atrevido y comprometerse a decir la verdad.

La honestidad de Jesús

A medida que estudio la vida de Jesús, cómo amaba a los demás de forma práctica, lo que más me asombra es su autenticidad. Aunque por lo general se mostraba como una persona serena y pacífica, no evitaba los conflictos. Corregía a sus discípulos. Decía lo que pensaba. Nadie dijo que fuera una persona fácil de convencer o un encantador. Decía verdades como puños. No se andaba por las ramas, iba siempre al grano. Hacía que los otros se sintieran incómodos si era necesario. Jamás permitía que la verdad quedara por detrás de la cortesía. No rehuía los enfrentamientos.

El grupo que Jesús más enfrentó era el grupo al que más se parecía. De todos los grupos religiosos de su época, entre los que se incluían los saduceos, los samaritanos, los herodianos, los esenios y los zelotes, los eruditos concuerdan en que Jesús, el rabino de Nazaret, estaba muy próximo al perfil del fariseo. Obedecía la ley de Moisés, mencionaba a líderes fariseos y con frecuencia se ponía de su lado en disputas públicas. Los fariseos dedicaban sus vidas a seguir a Dios, contribuían religiosamente con el diezmo que se les exigía y cumplían las estrictas normas de la Torá. Se ceñían a los valores tradicionales y eran ciudadanos modelos.

> **Ignorar la maldad es convertirse en cómplice de ella.**
>
> —Martin Luther King Jr.

Y pese a todo esto, Jesús los hacía objeto de las críticas y las confrontaciones más duras. Nadie había osado desafiar a los fariseos hasta que llegó él. Y no se mordía la lengua. Tenía el atrevimiento de llamarlos hipócritas y hasta nido de víboras. Les decía cosas como: «Cuelan el mosquito, pero tragan un camello». O como lo cuentan en algunas traducciones de la Biblia:

«¡Ay de ustedes, maestros de la ley y fariseos, hipócritas! Dan la décima parte de sus especias: la menta, el anís y el comino. Pero han descuidado los asuntos más importantes de la ley, tales como la justicia, la misericordia y la fidelidad. Debían haber practicado esto sin descuidar aquello».

Jesús condenaba de manera especial su estricto cumplimiento de las normas morales y el énfasis que ponían en el aspecto externo: «Limpian el exterior del vaso y del plato, pero por dentro están llenos de robo y de desenfreno». Señalaba que se esforzaban más en impresionar a los demás que en amar a Dios. La denuncia a la importancia que dan al aspecto externo es evidente en su Sermón de la Montaña:

«Por eso, cuando des a los necesitados, no lo anuncies al son de trompeta, como lo hacen los hipócritas en las sinagogas y en las calles para que la gente les rinda homenaje. Les aseguro que ellos ya han recibido toda su recompensa. Más bien, cuando des a los necesitados, que no se entere tu mano izquierda de lo que hace la derecha, para que tu limosna sea en secreto. Así tu Padre, que ve lo que se hace en secreto, te recompensará.

Cuando oren, no sean como los hipócritas, porque a ellos les encanta orar de pie en las sinagogas y en las esquinas de las plazas para que la gente los vea. Les aseguro que ya han obtenido toda su recompensa. Pero tú, cuando te pongas a orar, entra en tu cuarto, cierra la puerta y ora a tu Padre, que está en lo secreto. Así tu Padre, que ve lo que se hace en secreto, te recompensará. Y al orar, no hablen solo por hablar como hacen los gentiles, porque ellos se imaginan que serán escuchados por sus muchas palabras.

Para Jesús, la prueba de la madurez espiritual no está en el exterior. La espiritualidad no se va exhibiendo por ahí, sino que se desarrolla dentro de nosotros. Aborrecía la hipocresía y nunca se retractó de enfrentarse a ella. Desafiaba a alborotadores y pendencieros de todo tipo. Pero con ninguno era tan agresivo ni se mostraba tan abiertamente desafiante como cuando agarró una fusta con la mano y subió los escalones del templo en plena celebración de la Pascua judía.

Cuatro millones de creyentes judíos, procedentes de Galilea, Siria, Egipto y hasta Roma, celebran el día grande del año judío en Jerusalén. Aunque tampoco es que tengan elección. No visitar el templo en la Pascua

Ser testigo de una injusticia y no hacer nada es ser partícipe de ella.

—Jean-Jacques Rousseau

judía es una de las treinta y seis transgresiones que desembocan en la separación de Dios. De manera que, igual que cada año en primavera desde que era niño, Jesús se dirigió al templo de Jerusalén. Pero la Pascua que vivió él no fue como la de los demás.

La ley judía prohibía idolatrar imágenes, ni siquiera las que aparecían en las monedas. De manera que los extranjeros hacían cola para cambiar sus exiguos ahorros en monedas romanas por siclos, la moneda utilizada en Jerusalén, la única que aceptaban para pagar el impuesto anual o para comprar animales para los sacrificios rituales. Las casas de cambio cobraban tarifas exorbitantes por el cambio, por lo que muchos de estos creyentes se endeudaban hasta el punto de perder sus casas, sus tierras y su ganado. Las casas de cambio, con la complicidad de las autoridades religiosas del templo, con quienes compartían beneficios, saben que lo que hacen es una estafa.

Los sacerdotes y sus señores romanos ganan todavía más dinero cuando los pobres compran un animal para el sacrificio obligatorio, sea un cordero o una paloma, solo por inspeccionarlo y encontrar alguna impureza, lo que significa que el animal no está limpio y el campesino tiene que comprar otro.

Jesús no podía permitirlo. La corrupción le hacía hervir la sangre. No había predicado sus enseñanzas delante de una multitud antes de ese día. Tampoco había amenazado a Roma o las autoridades religiosas del templo. La mayoría no sabría ni quién era. Y hasta el momento no había dado muestras de rebeldía o de tener ganas de pelea. Pero en este momento, al pasar por delante de aquella gente impotente que hacía cola ante las casas de cambio que solo querían sacarles el dinero bajo la supervisión de las piadosas autoridades del templo, el nazareno normalmente pacífico no puede evitar saltar. Con una mirada resuelta, entra como un basilisco en el establecimiento y se acerca a una de las mesas, mete la mano debajo de la que tiene más cerca y la vuelca. Una pequeña fortuna en monedas sale volando en todas direcciones. Los presentes ahogan una exclamación de asombro mientras Jesús se acerca a la siguiente mesa. Y a la siguiente. Hace restallar el látigo, espantando con el movimiento a las cabras y las ovejas destinadas para el sacrificio.

> **Los que impiden que se lleve a cabo una revolución pacífica harán de la revolución algo inevitable.**
>
> —John F. Kennedy

Nadie lo detiene. «¿Cómo se atreven a convertir la casa de mi Padre en un mercado?», grita.

Los hombres que momentos antes disfrutaban ejerciendo su poder sobre los peregrinos se muestran acobardados, aterrorizados de que Jesús utilice el látigo contra ellos. Los patios del templo son tan grandes que los sacerdotes y los orantes que están dentro del templo no se enteran del escándalo. Pero los pobres y los oprimidos que han sido testigos del desafío de Jesús son conscientes de que acaban de ver algo extraordinario. Muchos de ellos llevan tiempo soñando con hacer algo parecido. Están boquiabiertos. Por su acento de Galilea y sus ropas humildes saben que es uno de ellos.

Por supuesto, se trata de un episodio inusual en él. No encontramos nada parecido en ninguno de los Evangelios, lo que no significa que no haya confrontaciones. No solo corrige enseñanzas falsas en numerosas ocasiones, sino que se atreve a hacer callar a sacerdotes, escribas, fariseos y saduceos apoyándose en las Escrituras para enseñarles que se equivocan. Él explicaba sus verdaderos motivos. Un hombre egoísta se comprometió públicamente a seguir a Jesús allá donde fuera porque pensó que sacaría rédito político o económico. Para sacarlo de su error, Jesús le dijo que iba a seguir a un Mesías sin hogar. Jesús también corrigió los nervios de Marta señalando a su hermana que estaba sentada a los pies de él, escuchándolo. Dijo algo así como: «Deberías imitar a tu hermana». Y aunque mostraba más ternura y paciencia hacia sus discípulos, a veces también les replicaba y se enfrentaba a ellos. En resumen, Jesús dice las cosas como son. Es valiente. Seguro de sí mismo. Atrevido. Es el modelo a seguir para aquellos que quieren ser auténticos y honrados.

Atrevido

adjetivo

Si buscas en un diccionario el término «sincero», encontrarás un amplio abanico de sinónimos: *franco, veraz, real, honrado, genuino, recto*. Pero también encontrarás una frase que aparece en casi todos los diccionarios: «que es digno de confianza». Una definición que describe a esas personas que se atreven a decir las cosas como son. De hecho, los orígenes germánicos conllevan la idea de ser alguien «sólido como un roble». Fuerte. Depositario de toda confianza. Leal.

La palabra «auténtico» se deriva de la palabra griega *anyein* y significa «lograr». Ser digno de confianza a los ojos de los demás es un logro importante. Cuando uno es genuino, fiel a sus creencias, se nota. Tú dices lo que piensas. Marcas la diferencia. La gente te respeta, aunque no estén de acuerdo. Saben que no actúas por «se siente bien», sino por lo que es correcto.

Nos equivocamos con frecuencia no porque no cueste reconocer la verdad (casi siempre a la vista), sino porque es más fácil y más agradable dejarnos guiar por nuestros sentimientos, sobre todo si son egoístas.

—Alexander Solzhenitsyn

¿Qué es lo que nos impide ser brutalmente honestos?

«Con usted he sido totalmente sincero. Es la primera persona con quien me abro así». A todos los psicólogos les dicen esto de vez en cuando, pero fue Sidney Jourard quien dio sentido a estas palabras en su exhaustivo libro *The Transparent Self* [El yo transparente]. Le llamaba la atención la frecuencia con que sus pacientes se mostraban más sinceros y auténticos con un médico que con su familia o amigos. Después de mucha investigación llegó a la conclusión de que cada persona tiene un deseo innato de que lo conozcan, pero solemos ocultar nuestra vulnerabilidad por miedo.

¿Miedo de qué? En una palabra: rechazo. Nos da miedo que vean que somos demasiado emocionales o no lo suficiente; demasiado asertivos o no lo suficiente; demasiado lo que sea o no lo suficiente. Nos da miedo que nos marginen, que no nos aprueben o que no nos acepten. Y el resultado es que nos ponemos una máscara. Nos convertimos en lo que Abraham Maslow llamaba «medusas con armadura» al fingir que estamos bien cuando no es así o al actuar con indiferencia cuando algo nos molesta. Al cerrarnos cuando realmente tenemos mucho que decir. En definitiva, nos ponemos una máscara cuando aceptamos la ignorancia pluralista.

Nos debatimos entre el impulso de mostrarnos como somos y el de protegernos. Dudamos entre guardar silencio y decir la verdad. Anhelamos que sepan quiénes somos y escondernos; una paradoja inexplicable. Ocultarnos tras la máscara el tiempo suficiente tal vez nos sirva para protegernos del rechazo, pero así nunca seremos genuinos. No seremos sinceros con nosotros mismos. No seremos valientes. Y eso significa que nunca amaremos como Jesús.

De hecho, Jesús dio en el clavo de por qué evitamos decir la verdad cuando dijo:

«¡Ay de ustedes cuando todos los elogien! Dense cuenta de que los antepasados de esta gente trataron así a los falsos profetas».

> **Uno no debe ocultar aquella parte de sí que ha reconocido que es genuina.**
>
> —Albert Einstein

Tenemos un problema. Cuando tus actos y tus palabras no coinciden con la persona que eres en tu interior —cuando no muestras a los demás tu verdad— se crea una versión incongruente o fragmentada de tu personalidad. El exterior no coincide con el interior. Te preocupa más la impresión que das a los demás que la persona que eres en realidad. Te preguntas *¿Qué tal lo hago?* en vez de *¿Cómo lo hace esa persona?*

En su libro *Traveling Mercies* [Viaje seguro], Anne Lamott escribe: «En general todo está enmascarado, perfumado o disfrazado en este mundo, y resulta conmovedor cuando ves algo real y humano de verdad... independientemente de lo neurótico que sea el miembro [del grupo], lo tremendamente molesto o aburrido que sea... cuando te han visto en tu peor momento, no es necesario ponerse la máscara con tanta frecuencia. Y eso nos permite ponernos ese radical sombrero de liberación, el sombrero de la autoaceptación y ver qué tal nos sienta».

Ser coherentes —permitir que nuestro yo real encaje plenamente con el yo que presentamos a los demás— libera pretensiones orgullosas y se atreve a mostrar a tu verdadero yo.

¿Hasta qué punto eres atrevido?

Si sientes curiosidad por ver las ganas que tienes en este mismo instante de poner en práctica esa consciencia plena para amar bien a los demás, tómate un momento y responde con sinceridad con qué frecuencia has vivido cada una de las siguientes situaciones en la última semana. Puedes completar

la autoprueba en línea en LoveLikeThatBook.com y
recibir un resumen de su progreso en el camino.

**Mis amigos dirían que soy
transparente, franco y directo.**

Nunca	Casi nunca	A veces	Con frecuencia	Con mucha frecuencia

**Si tengo un problema con alguien, me
encuentro con él/ella tan pronto como pueda
para que sea resuelto (en vez de ir por ahí
con cara larga y quejándome todo el rato).**

Nunca	Casi nunca	A veces	Con frecuencia	Con mucha frecuencia

**Si veo que tratan injustamente a alguien, lo digo,
aunque corra el riesgo de que me rechacen.**

Nunca	Casi nunca	A veces	Con frecuencia	Con mucha frecuencia

**Me atrevo a decir las cosas como son
y a decir lo que hay que hacer.**

Nunca	Casi nunca	A veces	Con frecuencia	Con mucha frecuencia

**Cuando estoy plenamente convencido de
algo, me da igual lo que piensen los demás.**

Nunca	Casi nunca	A veces	Con frecuencia	Con mucha frecuencia

Tengo la necesidad imperiosa de arreglar las cosas cuando algo no funciona en una relación. Actúo rápidamente para solucionarlo.

Nunca	Casi nunca	A veces	Con frecuencia	Con mucha frecuencia

Mi yo real es coherente con el que muestro a los demás.

Nunca	Casi nunca	A veces	Con frecuencia	Con mucha frecuencia

A veces hago que la gente se sienta incómoda porque voy al grano y no soporto el engaño y la hipocresía.

Nunca	Casi nunca	A veces	Con frecuencia	Con mucha frecuencia

Prefiero ser genuino que buscar la aprobación de los demás.

Nunca	Casi nunca	A veces	Con frecuencia	Con mucha frecuencia

No tengo miedo al rechazo de los demás.

Nunca	Casi nunca	A veces	Con frecuencia	Con mucha frecuencia

Y ahora recapacita un momento sobre todo esto. Si la mayoría de las veces has respondido «con frecuencia» o «con mucha frecuencia», vas camino de

ser una persona muy atrevida. Estás dispuesto a
correr el riesgo de que te rechacen en tu afán por
mostrar las cosas como son. Si, por el contrario, la
mayoría de las veces has contestado «nunca» o «casi
nunca», te resultarán beneficiosas las enseñanzas de
Jesús para ser más atrevido.

Lo que Jesús nos enseñó sobre decir la verdad honesta

El corresponsal de la cadena ABC News, John Quiñones,
comenzó presentando un programa de cámara oculta
en 2008 que se llamaba *¿Y tú qué harías?*, que tuvo
mucho éxito. En él, unos actores montaban escenas
incómodas en lugares públicos mientras las cámaras
ocultas del programa grababan las reacciones de las
personas de carne y hueso que acertaban a pasar por
allí. Cada episodio terminaba con su presentador preguntando con tono incisivo: «¿Y tú qué harías?». La
pregunta nos pone en situación de afrontar nuestras
reacciones personales ante las injusticias y los abusos.
¿Hay más posibilidades de que actuáramos con apatía o de que levantáramos la voz para intervenir en la
situación? En cierto sentido, estudiar la vida de Jesús,
los dilemas y las situaciones que surgen en su viaje,
evoca la misma pregunta, sobre todo cuando decir la

Es mejor estar dividios por la verdad que unidos en el error.

—Adrian Rodgers

verdad provoca vergüenza e incomodidad. Cuando leo los Evangelios, me hago una y otra vez la misma pregunta: «¿Qué haría yo?».

Me disgusta comprobar mi vergonzosa tendencia a tomar el camino más fácil en aquellas situaciones en las que Jesús es totalmente transparente. Al mismo tiempo, retrocedo ante la idea de ser tan franco como él. Piensa en cómo maneja el insultante comportamiento por parte de Simón, cuando lo invita a cenar. Cuando Jesús se da cuenta de que solo lo invitó para ponerlo en evidencia y demostrar que era un hereje, Jesús le llama la atención sin pestañear. ¿Harías tú lo mismo? Yo se lo contaría a mis amigos, seguro. Pero ¿enfrentarme abiertamente en el momento? Eso es lo que hizo Jesús. El inmoral comportamiento de Simón está envuelto en un halo de bondad y Jesús no quiere formar parte de ese juego. Mantener la boca cerrada sería como avalar el comportamiento intrigante del otro. De modo que opta por enfrentarse a él, igual que hace con Zaqueo, Marta, la mujer del pozo, los altos sacerdotes, etcétera. Incluso con sus propios discípulos.

Antes de que me digas que esa franqueza suya era más un problema de personalidad que un mandato, piensa en las sinceras enseñanzas de Jesús al respecto: «Si tu hermano peca contra ti, ve a solas con él y hazle ver su falta». Te está instando a decir las cosas como son. Y para él es más importante esta actitud que rendirle culto: «Si entras en el lugar donde rindes culto habitualmente y cuando estás a punto de hacer una ofrenda, te acuerdas de repente del rencor que te guarda cierta persona por algo que ocurrió entre vosotros, deja la ofrenda, sal y ve a buscar a tu amigo para arreglar las cosas con él. Una vez hecho, ya puedes volver y atender a tus asuntos con Dios».

Está claro que, para Jesús, buscar el momento de decir la verdad y hacerlo no es lo mismo. Para él es una prioridad. «Llega a un acuerdo con él lo más pronto posible», dice. Jesús no nos dice que meditemos sobre ello. Que cotilleemos sobre ello. No. Él dice que debemos hablar con franqueza pero con amor: «Enfrentémoslo con la necesidad de arrepentimiento y ofrécele el amor compasivo de Dios».

La verdad sin amor es fea y el amor sin la verdad carece de fuerza. Como dice el proverbio antiguo: «Fieles son las heridas del amigo [que te corrige con amor y preocupación por ti], pero engañosos los besos del enemigo [porque responden a motivos ocultos]».

Jesús busca que seamos auténticos. Quiere que nos quitemos las máscaras y vivamos

> **Para que sea posible la paz, hay que buscar la verdad a toda costa.**
>
> —Martín Lutero

de forma coherente sin motivos ocultos y promesas
vacías:

> «No faltes a tu juramento, sino cumple con tus
> promesas al Señor". Pero yo les digo: No juren de
> ningún modo: ni por el cielo, porque es el trono de
> Dios; ni por la tierra, porque es el estrado de sus
> pies; ni por Jerusalén, porque es la ciudad del gran
> Rey. Tampoco jures por tu cabeza, porque no pue-
> des hacer que ni uno solo de tus cabellos se vuel-
> va blanco o negro. Cuando ustedes digan "sí", que
> sea realmente sí; y, cuando digan "no", que sea no.
> Cualquier cosa de más, proviene del maligno».

Al principio de su ministerio, cuando todavía está en
Galilea, Jesús conoce a un hombre llamado Natanael.
Su hermano, Felipe, lo invita a acercarse a ver al hombre que él y sus amigos acaban de conocer, el hombre
que ha despertado su fe y su esperanza. Natanael se
burla un poco pero va con ellos. Al acercarse, Jesús le
dice: «¡Aquí tienen a un verdadero israelita, en quien
no hay falsedad».

Jesús lo está poniendo a prueba de una manera
muy inteligente. Aquellos hombres seguro sabían que
su antepasado, Israel, anteriormente llamado Jacob,
era conocido como el «mentiroso» por la forma en
que engañó a su hermano, Esau, y a su padre, Isaac.

Pero Jesús se refiere también al carácter observado en Natanael, y por eso declara que es un hombre sin engaño. Natanael es honesto y directo; dice lo que piensa («¿Puede salir algo bueno de Nazaret?»). Responde abiertamente a la invitación de su hermano a aprovechar la oportunidad de conocer a un nuevo rabino. Y Jesús lo alaba por ello.

El propio Jesús vivió de forma transparente, franca y directa, y quiere que nosotros seamos así también. Una forma de ser que se caracteriza por decir la verdad no solo nos prepara para la riqueza que depara una relación espiritual con Dios, sino que también nos dispone a vivir una vida plena y llena de amor hacia el prójimo.

Cómo reunir el valor para decir las cosas como son

«Ser real no consiste en cómo estás hecho», dijo el caballo. «Es algo que te pasa. Cuando un niño te quiere durante mucho, mucho tiempo, no solo para jugar contigo, sino que realmente te quiere, entonces te conviertes en algo real».

Este viejo caballo de juguete del cuento clásico de Margery Williams, *El conejo de terciopelo*, expresa de forma clara el hecho de que cuando más reales somos

Es mejor recibir un «no» expresado desde la más profunda convicción que recibir un «sí» expresado solo para agradar, o lo que es peor, para evitar problemas.

—Mahatma Gandhi

es cuando mejor nos conocen y más nos aman. Es algo sinérgico. Cuanto más reales somos, más amor experimentamos. Y cuanto más amor experimentamos, más reales nos hacemos.

El conejo de juguete no sabía que existieran los conejos de verdad, los conejos reales. Pensaba que todos estábamos hechos de peluche relleno como él. «Y comprendió que el relleno estaba pasado de moda y que era mejor no mencionarlo en círculos modernos». El conejo controló la autenticidad por miedo a que lo descubrieran. No quería arriesgarse a que supieran cómo era *en realidad*. Y lo cierto es que la única manera de que te quieran es siendo auténtico.

Resulta irónico. Tememos que nos rechacen si saben cómo somos porque sería como si pisotearan nuestro vulnerable corazón. Pero la única manera de que nos quieran de verdad es que sepan cómo somos en realidad.

C. S. Lewis pone el dedo en la llaga, como es habitual en él, al decir:

Amar es ser vulnerable. Cuando amamos, nuestro corazón se retuerce y es posible que llegue a romperse. Si quieres mantener tu corazón intacto, entonces no se lo entregues a nadie, ni siquiera a un animal. Rodéalo cuidadosamente de pasatiempos y pequeños lujos; evita cualquier vínculo; enciérralo bajo llave en el estuche o el ataúd de tu egoísmo. Pero ahí dentro, un lugar seguro, oscuro, silencioso y desprovisto de aire, cambiará. No se romperá; se hará irrompible, impenetrable, irredimible... El único lugar fuera del Cielo donde estarás a salvo de los peligros del amor es el Infierno.

> ## Ocultar la verdad a una persona importa y mucho.
>
> —C. S. Lewis

Cada vez que desperdiciamos la oportunidad de decir las cosas como son, nos enfrentamos a un peligro mayor que el rechazo. Corremos el riesgo de que se nos endurezca tanto el corazón que nos impida correr el riesgo de amar. Somos víctimas de la enfermedad de la complacencia. La autenticidad separa a los que aman *de verdad* de los que solo quieren ser *vistos* como una persona que ama. Cuando eres auténtico, tu cabeza y corazón se comportan de manera armoniosa. Eres la misma persona en el escenario y entre bambalinas. Ya no tienes necesidad de fingir para ganarte el amor de los demás. En cambio, amas aun a riesgo de que te rechacen.

La autenticidad consiste en *ser,* no en *hacer.* Cuando decir las cosas como son realmente te importa porque tu corazón está lleno de amor, actúas de forma natural, sin tener que pensarlo. Sin tener que fingir. Ni demostrar nada. No te preguntas qué es lo que deberías hacer. Tu *hacer* fluye naturalmente de tu *ser*.

Aquí está la dura verdad: amar es peligroso porque significa correr el riesgo de que te rechacen. Jesús arriesgó sin miedo no solo su reputación, sino su vida en nombre de la verdad. Este compromiso absoluto incomoda a algunas personas. Sin

> **Por mucho que escasee la verdad, las existencias de esta siempre superaron la demanda.**
>
> —Josh Billings

duda. Pero puede que causar esta pequeña incomodidad sea lo mejor que podemos hacer por ellos. Los fariseos, el grupo al que Jesús más criticaba, lo alababan precisamente por no dejarse llevar por las opiniones de los demás. Es lo único bueno que dijeron de él.

De modo que si quieres atreverte a decir las cosas como son, un buen lugar para empezar es mostrándote un poco más vulnerable. ¿Por qué? Porque, como le pasaba al conejo del cuento de Margery William, preferimos controlar la autenticidad por miedo a que descubran cómo somos. La autenticidad se hace real cuando admitimos nuestras frustraciones, reconocemos nuestras debilidades y desvelamos nuestras inseguridades. Jamás seremos reales hasta que abramos nuestros corazones heridos. A todos nos han hecho daño, pero la mayoría de nosotros prefiere protegerse de las heridas que divulgarlas. Por eso nos ponemos una máscara y ahogamos nuestros verdaderos sentimientos.

Nadie ha escrito con más sensatez sobre el don de la vulnerabilidad que Henri Nouwen en su libro *El sanador herido*. En él señala que «convertir las heridas en fuente de curación... no es una llamada a compartir los dolores personales superficiales, sino a un constante deseo de ver el sufrimiento de uno mismo como surgiendo del fondo de la condición humana».

Y eso es precisamente lo que nos permite decir la verdad en el amor. Jesús no dijo la verdad de un corazón egoísta, sino que lo hacía desde el dolor que sentía por todo aquel que no era capaz de ver el verdadero mensaje de Dios. Estaba tan profundamente convencido que le importaba muy poco lo que pensaran los demás. Decir la verdad procedía de una profunda angustia personal por todo aquel que se aferraba a la superficialidad, la apariencia externa y la hipocresía. Les decía las cosas como eran para salvarlos de sí mismos. Decía la verdad desde el amor.

Cuando separamos el amor de la franqueza estamos cambiando ser genuino por la necesidad de aprobación. Cambiamos el atrevimiento por la cobardía. Y esto crea una conexión falsa y pasajera en el mejor de los casos, de dos centímetros y medio de profundidad. Pero cuando nos arriesgamos a que nos rechacen por ser cómo realmente somos, empezamos a amar como Jesús.

Para reflexionar

- Una de las historias más potentes del Nuevo Testamento es la que tiene lugar cuando Jesús se enfada en el templo. ¿Qué piensas después de leer este capítulo? ¿Qué propició el enfado y por qué fue algo tan visceral?
- Todos tememos el rechazo en cierta medida. Por eso preferimos ponernos una máscara impersonal (presentar una imagen que no se corresponde con la persona que somos en realidad). ¿Cómo es tu máscara cuando te niegas a decir las cosas como son? ¿La típica máscara «agradable»? ¿La del que «bromea para restar importancia a un asunto»? ¿Cómo sueles actuar tú?
- Jesús dice que es necesario decir la verdad, pero con amor: «Enfréntate a esa persona llevado por el arrepentimiento y ofrécele el amor compasivo de Dios». ¿Cómo lo has hecho con las personas

que conoces? ¿Cuál es el mayor obstáculo que encuentras al hacerlo?

- Para aprender a decir las cosas como son, a atreverte a hacerlo en tus relaciones, tienes que estar dispuesto a correr el riesgo de que te rechacen. ¿Cómo calificarías tu capacidad? ¿Se te ocurre alguna forma práctica para mejorar en este sentido? ¿Se te ocurre alguna persona ahora mismo que necesite que le prestes atención en este sentido?

- La convicción de Jesús era tan profunda que cuando alzaba la voz contra la injusticia o la hipocresía no le importaba lo que los demás pudieran pensar de él. ¿Te has sentido así alguna vez? ¿Cuándo y por qué? ¿Lo hiciste desde el amor sincero?

CAPÍTULO 5

SER GENEROSO

El que se aferre a su propia vida, la perderá, y el que renuncie a su propia vida por mi causa, la encontrará.

—Jesús

Tengo que ser sincero. No he hecho más que postergar este capítulo. Tenía mis dudas sobre incluirlo. Al fin y al cabo, no lo sabrías. El libro tiene cinco capítulos y están todos aquí, entre las pastas del libro, pese a todo. Pero creo que mereces saberlo. Llevo postergando la redacción de este capítulo desde hace meses. El resto del libro está terminado. Escrito y revisado. Mi editor ya le ha dado luz verde a los otros capítulos. Los ha revisado cuidadosamente. Solo faltaba este.

¿Por qué? Por dos motivos.

En primer lugar, sabía que significaba plantarle cara a mi egoísmo. ¿Quién querría hacer eso? Ignorar que soy egoísta me va bien. De hecho, como la mayoría de la gente, soy experto en ello. Me gusta pensar que son otros los que tienen que aprender a ser menos egoístas, pero ¿yo? Sabía que este capítulo implicaría tener que escarbar en mi egoísmo y hacerme responsable de él. El artículo «Estoy bien. Tú eres el egoísta», publicado en la revista *New York Times*, afirmaba que solo un diecisiete por ciento de las personas encuestadas dicen ser egoístas, frente a un sesenta por ciento que cree que la mayoría de las personas (las demás) son egoístas la mayor parte del tiempo. ¿Alguien lo niega?

En segundo lugar, he intentado buscarle sentido a esta idea. De todas las ideas que tenía Jesús sobre amar al prójimo, la que más me ha costado entender ha sido la idea de la generosidad. No me malinterpretes. Sabía desde el principio que tenía que estar en el libro. Es una de las señales de identidad del amor que Jesús trató de inculcarnos. Y entiendo el concepto y lo que significa. Pero me cuesta entender cómo ponerlo en práctica. ¿Cómo puede uno renunciar a pensar en sí mismo? Y lo que es más importante, ¿por qué? ¿Por qué querría un ser humano racional cualquiera pasar por alto el propio interés y renunciar a las cosas que más desea? ¿Por qué querría alguien renunciar a sus necesidades, impulsos, derechos y objetivos? ¿Acaso no es la mejor manera de ser feliz y sentirse realizado?

Pues estos dos motivos para postergar el capítulo se vinieron literalmente abajo cuando descubrí una sorprendente línea de investigación que explica lo tremendamente gratificante y satisfactorio que resulta reconocer que somos egoístas y empezar a comportarnos con generosidad. Resulta que lo había entendido todo al revés. No sacrificas la realización personal al renunciar a tu vida, sino que la encuentras. Es tal como lo decía Jesús: «el que renuncie a su propia vida [...] la encontrará».

> **Nuestra mayor satisfacción consiste en dar de nosotros a otros.**
>
> —Henri J. M. Nouwen

Piensa un momento en lo que le ocurrió al psicólogo Bernard Rimland. Obtuvo su doctorado en la Universidad de Penn State y su carrera despegó. Pero tres años después, en 1956, encontró un obstáculo en el camino. Nada más nacer su hijo, Mark, le diagnosticaron una enfermedad poco conocida por entonces, autismo. De hecho, en aquel momento, el doctor Rimland, como muchos otros, no había oído jamás la palabra.

Así empezó la búsqueda de este hombre por entender el autismo. Dedicó gran parte de su carrera a ello, fue autor de uno de los primeros libros sobre el tema y fundó el Instituto de Investigación del Autismo en 1967. Pero por el camino, Rimland realizó un sencillo experimento que arroja algo de luz sobre una de las verdades paradójicas de todos los tiempos: para encontrar tu vida, tienes que perderla.

Pidió a 216 estudiantes que hicieran una lista con las iniciales de las diez personas a las que mejor conocían, con lo que obtuvo una enorme lista con dos mil nombres. Después les pidió que indicaran si les parecía que esas personas eran felices o infelices. Finalmente, les pidió que repasaran los nombres nuevamente e indicaran si les parecía que cada una de esas personas era egoísta o generosa. Dicho de otro modo, les estaba preguntando si les interesaban más sus propios asuntos o estaban dispuestos a dejar que los demás los importunaran con sus propios deseos.

El resultado fue sorprendente: setenta por ciento de los que los alumnos consideraron generosos parecían felices, mientras que el noventa y cinco por ciento de los que consideraron egoístas parecían *in*felices. Rimland se quedó muy sorprendido ante tal paradoja: «Las personas egoístas son, por definición, aquellas que se dedican a hacer *solo aquello que las hace felices*. Y, sin embargo, a ojos de los demás al menos, estas personas egoístas no parecen tan felices como aquellas que se dedican a hacer felices a los demás».

Este descubrimiento se acerca bastante a lo que Jesús repetía todo el tiempo: «El que se aferre a su propia vida, la perderá, y el que renuncie a su propia vida por mi causa, la encontrará». Le da la vuelta a nuestra idea del propio interés. También se acerca a por qué Jesús era tan radical en lo referente a aprender a darnos a los demás.

La generosidad de Jesús

Como todo el mundo, me acuerdo perfectamente de dónde estaba la mañana del 11 de septiembre de 2001, cuando me enteré del ataque terrorista perpetrado sobre el World Trade Center de Nueva York. Estaba sentado en el borde de la cama de una habitación de hotel en Oklahoma City. Mi esposa, Leslie, y yo nos preparábamos para hablar en la asamblea en la universidad pública solo para afroamericanos de Langston. La noticia del ataque que estaba en todos los canales de noticias lo cambió todo. Jamás lo olvidaré.

Es muy probable que si eres lo bastante mayor, tú tampoco lo olvidarás. Algunos acontecimientos son tan súbitos e inesperados, tan fuera de lo común y sorprendentes que se nos quedan grabados a fuego en la memoria para siempre. Los especialistas en la memoria se refieren a ellos como *puntos calientes* o *memoria*

Descubrirás al mirar atrás que los momentos en los que realmente has estado presente son aquellos en los que has hecho cosas con el espíritu de amor.

—Henry Drummond

fotográfica. La sorpresa que nos provoca algo inesperado o algo importante (como pedir matrimonio) libera una sustancia química en nuestro cerebro llamada glutamato, que mejora el procesamiento mental en ese momento y concentra nuestra atención de una manera asombrosa: hace que los recuerdos sean más vivos, reales, detallados y duraderos. Estos instantes de memoria fotográfica son más ricos en detalles sensoriales que otros. La neuroquímica cimenta el recuerdo en el cerebro, tal como ocurrió, de forma que es prácticamente imposible olvidarlo.

No solo se convierten en momentos que nos resulta fácil recordar, sino que moldean la forma en que nos comportamos en adelante. De hecho, para los expertos, los recuerdos son como viajes mentales en el tiempo, no solo hacia el pasado, sino también como una versión del futuro. Un creciente número de trabajos de investigación realizados en la Universidad de Harvard indica que el propósito de la memoria va mucho más allá de ayudarnos a almacenar y recordar datos sobre cosas que han ocurrido. Por ejemplo, los investigadores han demostrado que la memoria nos ayuda a dibujar un mapa mental de la personalidad de alguien y a imaginar cómo podría comportarse en una situación social futura. En otras palabras, recordar un hecho pasado nos da una idea más clara de cómo nos comportaremos en el futuro. Las cosas que recordamos cambian las personas que somos y en las personas que nos estamos convirtiendo. Nuestros hábitos, ideas y esperanzas —incluso aquello que nos lleva a amar— están influidos por nuestros recuerdos.

A Jesús no le hicieron falta investigaciones modernas para aprovechar este hecho. La última noche de su vida, se concentró en crear un recuerdo indeleble que sirvió para modelar el futuro de la humanidad: celebró una cena con sus discípulos en Jerusalén. Tuvo lugar en la segunda planta de un edificio cercano al estanque de Siloam, alrededor de una larga mesa rectangular que medía solo cuarenta y cinco centímetros de alto. Alrededor de la mesa, sobre cojines, se sentaron los discípulos y Jesús a la manera tradicional de la época.

Una vez en la sala y sentados ya a la mesa, Jesús hace algo sin precedente, aunque perfectamente calculado. Se aseguró de que el recuerdo se grabara en la mente de cada discípulo y pasara de generación en generación. No fue accidental. Jesús planeó cuidadosamente sus actos. Fue todo premeditado. Quería que aquella cena fuera recordada y celebrada. De hecho, lo dijo así: «Hagan esto en memoria de mí».

Antes de la cena con pan y vino, acompañada por el mensaje de Jesús lleno de un profundo simbolismo, él da una lección de humildad que sorprendió a sus discípulos. Hace algo tan inesperado para ellos y tan cargado de significado que garantizaba que se les quedaría grabado para siempre. Su maestro, su Señor, toma una toalla y una palangana y comienza a lavarle los pies a cada uno. Los discípulos se quedan boquiabiertos. Pasmados. Abrumados. La limpieza suelen realizarla los sirvientes de más bajo nivel. Y, sin embargo, allí está su venerado maestro, arrodillado ante cada uno de ellos, limpiándoles amorosamente el polvo del camino.

> **Qué gran cosa es que lo amen a uno. Más grande aún es amar a alguien.**
>
> —Victor Hugo

Se han cambiado las tornas. Es la vida al revés y no tiene sentido. El poder y el reconocimiento están en la mente de todos los discípulos, y Jesús está haciéndoles una demostración de servicio y sacrificio. Los conoce bien a todos: los escandalosos Santiago y Juan, a quienes llamaba «hijos del trueno»; Simón el zelote, cuya pasión por la política se encendía con facilidad; el escéptico Tomás, que se debatía entre dudas; el alegre Andrés; el ocurrente Pedro, y todos los demás. Jesús también le limpia los pies a Judas, aunque sabe que iba a traicionarlo. Mira a cada uno a los ojos, reflexionando sobre sus diferentes personalidades, y demuestra una humildad absoluta. No paga a nadie para que le limpie los pies. Lo hace él. Se

[Vivan]

aprovechando

al máximo

cada momento

oportuno,

porque los días

son malos.

—Efesios 5.16

convierte en un sirviente de bajo nivel, sin pretensiones, generoso.

Es fácil que se nos pase por alto la profundidad de este acto debido al abismo temporal y cultural que media entre nosotros y aquella noche crucial. Un equivalente moderno podría ser que el pastor de tu iglesia fuera a tu casa y se pusiera a fregar los platos o a limpiar los baños. O que el gobernador del estado pasara un momento por tu casa a barrer el garaje o a separar la basura. Estas analogías carecen del carácter personal e íntimo que Jesús imprimía a sus actos, pero sí reflejan un sorprendente acto de humildad y servicio. Seguro que el acto generoso de su maestro acercó a sus discípulos a él más que cualquier otra cosa.

Por supuesto, lo que hizo Jesús fue mucho más que un acto de cariño. Es una lección para la vida. Jesús les dice a sus discípulos que deben seguir su ejemplo con los demás. Deben convertirse en sirvientes, dejar a un lado la preocupación por la posición social y los privilegios. Deben poner a los demás por delante de ellos mismos. Jesús les enseña a través del acto de lavarles los pies que para él lo importante es el servicio y no el estatus: «El Hijo del hombre no vino para que lo sirvieran, sino para servir».

Aun antes de aquella última noche, Jesús habló a sus seguidores sobre su radical actitud de servicio. Cuando aquellos se unieron a Jesús y lo que predicaba, tres años antes, su interés estaba en hallar una recompensa. Querían algo a cambio de abandonar la vida que llevaban para seguirlo. Discutían sobre qué papel le tocaría a cada uno. Dos de ellos llegaron a pedir a su madre que intercediera por ellos ante Jesús, para asegurarse de que recibirían el ascenso que buscaban. Un constante intento de acaparar poder envolvía a aquellos doce hombres.

Jesús les decía una y otra vez que no había lugar para los juegos de poder en el reino de Dios. Y es que no se trata de ser el primero y el más prominente, sino de vocación de servicio. De amor. Pero incluso en aquella última cena seguían peleando por su posición y por demostrar quién era el mejor. De manera que Jesús los deja —igual que a todos nosotros— con un acto indeleble que expresaba mucho más que las palabras. Jesús nos deja la última noche de su vida con un inolvidable acto de humilde servicio al prójimo que resume, tal vez más que ninguna otra cosa, exceptuando su sacrificio en la cruz, lo que significa amar como Jesús.

Generoso

adjetivo
La generosidad es lo contrario del egoísmo. No piensa en beneficios ni espera nada a cambio. Ya

sea para dar indicaciones a alguien que parece perdido, una propina generosa a un camarero que parece necesitarla o animar a un amigo que no ha conseguido el ascenso que esperaba, el amor generoso nace del cariño, la compasión y la amabilidad, no espera gratitud ni pago.

Todo se reduce al motivo. Uno puede dar de sí y esperar algo a cambio. Dar «con ataduras» lo llamaríamos. Es decir, hay una expectativa de recibir algo a cambio. El dicho original, «sin ataduras», tiene su origen en los mercaderes textiles del siglo XVIII, que marcaban las piezas de tejido que tenían algún defecto atándole un lazo en un extremo del rollo de tela. Cuando un sastre o una modista buscaban una tela que no tuviera defectos, pedía tela «sin ataduras». El dicho se sigue utilizando hoy. Y también sigue la práctica de dar con una expectativa de que obtendremos algo a cambio. La verdadera generosidad no es «hacer esto para obtener aquello»; no es cuestión de *quid pro quo*. La verdadera generosidad consiste en ofrecer lo mejor de uno a los demás y hacerlo sin ataduras ni compromisos.

¿Qué es lo que nos impide ser generosos?

Un día, un alumno preguntó a la famosa antropóloga Margaret Mead por los indicios más antiguos de civilización de una determinada cultura. El alumno esperaba algo como un recipiente de barro, un anzuelo o una piedra de moler. Y, sin embargo, la respuesta fue: «un fémur fracturado que se había curado».

Mead explicó a continuación que no se encuentran huesos fracturados que hayan curado allí donde reina la ley de la selva, donde solo los más fuertes sobreviven. Un fémur soldado demuestra que alguien tuvo que ocuparse de la herida. La prueba de la existencia de compasión es el primer indicio de civilización.

Es también el primer indicio de amor que se da con generosidad. Y la barrera más grande para la compasión es el miedo. El miedo de no ser el primero —de no conseguir lo que necesitamos o queremos— nos empuja a dar un paso al frente. Nos obliga a buscar la propia ventaja y a pasar de largo cuando alguien necesita ayuda.

Ama y haz lo que debas.

—San Agustín

Son numerosos los estudios de investigación que apoyan esta idea. Tomemos, por ejemplo, la revista *World Development*. Los investigadores pidieron a los habitantes de una zona rural de Colombia que participaran en un juego en el que tenían que decidir cuánta leña debían recoger en el bosque, teniendo en cuenta que la deforestación tendría como resultado agua de mala calidad. Este juego fue análogo a la vida real para la gente del pueblo. En algunos casos, las personas realizaron la actividad en pequeños grupos, pero sin comunicarse con los jugadores externos a su grupo. En otros, sí se comunicaban con los de fuera. Se daba una tercera opción, la de que los jugadores no podían comunicarse, pero se les proporcionaban una normas que especificaban cuánta leña podían recoger.

En los casos en los que sí podían comunicarse, los participantes reunidos en pequeños grupos dejaban a un lado el interés propio y recogían menos leña para sí mismos, preservando así la calidad del agua del bosque para la población general. Por otra parte, aquellos grupos a los que se dieron normas e incentivos obtuvieron malos resultados con el tiempo: cada vez recogían más leña para ellos, arriesgándose a que les pusieran una multa, y anteponiendo su propio interés. ¿Por qué? Por miedo a quedarse sin aquello que necesitaban y deseaban.

Muchos estudios de investigación demuestran que si ofreces dinero a alguien para que realice una tarea que habrían hecho alegremente sin cobrar conduce a una forma de pensar en la que lo que prima es el «¿Y yo qué saco con ello?». Hasta el punto de que la persona buscará cada vez más su propio interés (tener tiempo libre, conseguir que le paguen más, etcétera). Buscar lo mejor para nosotros está en nuestra naturaleza. Y si bien aquellos factores situacionales, como que te paguen por hacer algo, pueden llevar a que las personas busquen su propio interés, todos nosotros, independientemente de las circunstancias, podemos romper el hábito instintivo de anteponer nuestros intereses a todo lo demás. Podemos superar el miedo a no conseguir lo que necesitamos o deseamos. Si queremos amar como Jesús, tenemos que conseguir anteponer las necesidades de los demás a las nuestras. Afortunadamente, Jesús nos mostró el camino para conseguirlo.

¿Hasta qué punto eres generoso?

Si sientes curiosidad por ver las ganas que tienes en este mismo instante de poner en práctica esa consciencia plena para amar a los demás, tómate un momento y responde con sinceridad con qué frecuencia has vivido cada una de las siguientes situaciones en la última semana. Puedes completar una autoevaluación en línea (solo disponible en inglés) en LoveLikeThatBook.com y recibir un resumen de su progreso en el camino.

Me pongo intencionalmente en el lugar de los demás e imagino lo que piensan y sienten.

Nunca	Casi nunca	A veces	Con frecuencia	Con mucha frecuencia

Me esfuerzo en tratar a los demás como quiero que me traten a mí.

Nunca	Casi nunca	A veces	Con frecuencia	Con mucha frecuencia

Mis amigos piensan que soy una persona que antepone las necesidades de los demás a las mías.

Nunca	Casi nunca	A veces	Con frecuencia	Con mucha frecuencia

Escucho con atención a los demás y dejo a un lado el teléfono o cualquier otra distracción para poder concentrarme en lo que estoy haciendo.

Nunca	Casi nunca	A veces	Con frecuencia	Con mucha frecuencia

Me esfuerzo en eliminar cualquier deseo egoísta de intentar cambiar a los demás.

Nunca	Casi nunca	A veces	Con frecuencia	Con mucha frecuencia

Amo a los demás como a mí mismo.

Nunca	Casi nunca	A veces	Con frecuencia	Con mucha frecuencia

No me importa desempeñar un papel secundario.

Nunca	Casi nunca	A veces	Con frecuencia	Con mucha frecuencia

Hago lo que sea necesario por los demás.

Nunca	Casi nunca	A veces	Con frecuencia	Con mucha frecuencia

Soy generoso con las personas que me rodean.

Nunca	Casi nunca	A veces	Con frecuencia	Con mucha frecuencia

Estoy dispuesto a poner en segundo plano mis necesidades para ocuparme de las de los demás.

Nunca	Casi nunca	A veces	Con frecuencia	Con mucha frecuencia

Y ahora recapacita un momento sobre todo esto. Si la mayoría de las veces has respondido «con frecuencia" o «con mucha frecuencia», vas camino de ser una persona generosa. Estás dispuesto a dejar a un lado el propio interés para ocuparte de las necesidades de los demás. Si, por el contrario, la mayoría de las veces has contestado «nunca» o «casi nunca», te resultarán beneficiosas las enseñanzas de Jesucristo para ser más accesible.

Lo que Jesús nos enseñó sobre ser generosos

El 18 de septiembre de 2007, Randy Pausch dio una conferencia, su «última conferencia» en el Carnegie Mellon, con el título de «Alcanzar los sueños de la infancia». La charla seguía la estructura de una serie de conferencias en las que piden a grandes personalidades académicas que reflexionen profundamente sobre lo que es en realidad importante para ellos y que den una hipotética «última charla» sobre ello.

Aunque para el doctor Pausch no fue hipotética. Le habían diagnosticado cáncer en fase terminal y sabía que el tiempo del que disponía era limitado. Cuando subió al estrado, recibió una cerrada ovación de más de cuatrocientos colegas y estudiantes que se habían reunido para escucharlo hablar sobre el mensaje más importante que quería transmitirles.

Si Jesús se hubiera encontrado en la situación de dar una «última charla» sobre lo realmente importante de las relaciones, creo que habría hablado sobre amar con generosidad. No se cansaba de repetirlo y lo hacía siempre con absoluta claridad. En el Sermón del Monte, ilustró sus palabras con un ejemplo memorable que en el día de hoy sigue siendo fuente de inspiración para muchas personas que ni siquiera conocen su origen, entre las que se encuentran los especialistas en atención

Nos ganamos la vida con lo que obtenemos. Damos forma a nuestra vida con lo que damos.

—Winston Churchill

al cliente de establecimientos como Nordstrom o Amazon.

En tiempos de Jesús, el Imperio romano instauró una ley según la cual los muchachos de los pueblos debían cargar con las sacas de los soldados romanos durante más de kilómetro y medio desde sus casas, lo que permitía que los soldados descansaran un rato. La práctica estaba tan generalizada que la mayoría de los chicos medían la distancia desde y hasta sus casas, y marcaban el punto exacto clavando una estaca en el suelo para marcar la distancia. Así sabían exactamente hasta dónde tenían que cargar con las pertenencias de los soldados. Era injusto, incómodo y lesivo para la espalda en muchos casos. Pero era la ley. Y esas estacas en el suelo de tierra representaban el requisito mínimo que debían cumplir.

Un día, Jesús estaba dando un sermón a una multitud congregada en aquella montaña desde la que se veía el mar de Galilea y aprovechó esta costumbre romana para demostrar cómo mejorar la relación con los demás. Fue algo revolucionario. Sin precedentes. Dijo: «Si alguien te obliga a caminar un kilómetro y medio, acompáñalo durante tres kilómetros». Con ello quería decir que si verdaderamente quieres ser generoso, eso es lo que tienes que hacer. Lo que los demás no esperan. Y cuando haces más de lo que te piden, dejas a un lado tu propio interés. Tus necesidades pasan a un segundo plano. Abandonas todo egoísmo. Garantizado.

Lo hemos oído decir muchas veces en el contexto publicitario o en el deportivo. De hecho, es casi un cliché. El entrenador quiere que llegues hasta donde ya no puedas más cuando entrenas en el gimnasio. Bien. Pero Jesús no se refería a eso. Él se refería a que hiciéramos siempre más de lo que esperaban de nosotros.

En aquel sermón, Jesús puso otro ejemplo práctico de generosidad. Igual de radical. Pero es tan breve y brillante que hasta los ateos lo conocen. Muchos lo describen como la fórmula perfecta para relacionarse con los demás con éxito. Lo llamamos la regla de oro.

> Ninguno de nosotros cayó en la pobreza por dar.
>
> —Anna Frank

Jesús no lo llamaba así y la Biblia tampoco le da ese nombre. Pero la idea que articulara Jesús es tan importante y resume tan a la perfección la falta de egoísmo que los traductores de la Biblia le dieron ese nombre, la regla de oro, allá por los siglos XVI y XVII, aprovechando un dicho popular de la época.

Jesús dijo: «Pregúntate a ti mismo qué quieres que la gente haga por ti, ¡luego toma la iniciativa y hazlo por *ellos*!». O según una traducción más moderna:

«Traten a los demás tal y como quieren que ellos los traten a ustedes».

En otra ocasión, Jesús fue todavía más conciso: «Ama al prójimo como a ti mismo».

Está bastante claro, ¿no? Se reduce a tratar a los demás como te gustaría que te trataran a ti. Así es como aprovechamos que siempre vamos a velar por nuestro interés porque es algo natural en nosotros para fomentar el amor por los demás. Es genial.

> **Por encima de todo, el amor es el regalo de uno mismo.**
>
> —Jean Anouilh

Todos queremos respeto, reconocimiento, generosidad, comprensión, paciencia y amabilidad de los demás. Pues eso es lo que tenemos que dar nosotros.

Los expertos en la Biblia señalan que la regla de oro es proactiva. Positiva. Otras religiones, como el confucianismo, el hinduismo o el budismo expresan la misma idea con fórmulas similares:

- Confucianismo: «No impongas a otro lo que no elegirías para ti mismo».
- Hinduismo: «No hagas a los demás lo que te dolería que te hicieran a ti».
- Budismo: «No hieras a los otros de una forma que tú mismo encontrarías hiriente».

En todos estos casos, la idea está formulada desde el lado negativo, a diferencia de lo que decía Jesús. Puede que la idea sea la misma, pero en realidad es lo contrario en negativo. Esta idea se conoce como la «ética de la reciprocidad». Se centran en prohibir el trato injusto. La idea consiste en que uno no debería hacer algo a alguien sabiendo que le harás daño. En otras palabras, si te dolería a ti, también les dolerá a los demás, así que no lo hagas. Pero esta «regla de plata», como se la conoce también, no te exige nada. Ni amor ni acción positiva. Puedes comportarte con absoluta apatía en tus relaciones con los demás y no dejas de seguir la regla de plata.

Pero con Jesús no es así. La regla de oro que Jesús inculcaba va mucho más allá de la reciprocidad. No es pasiva. Exige un comportamiento proactivo, hacer algo que beneficie a los demás. Exige iniciativa y empatía.

Cómo ser más generosos

Puedo responderte con una sola frase: ponte en el pellejo del otro. O mejor aún, con una sola palabra: empatía.

Llevo estudiando la empatía casi tres décadas. Empecé cuando preparaba mi tesis doctoral en el tema. Y después de todos estos años, el tema sigue fascinándome. Creo que es la habilidad más importante a la hora de establecer relaciones.

Cuando estoy eseñando a mis alumnos de consejería de la universidad, recurro a una sencilla metáfora para establecer la distinción entre comprensión y empatía. Les digo que la comprensión es como lanzar un salvavidas desde la orilla a alguien que se está ahogando. Cualquier persona decente lo haría. Fluye con la adrenalina por nuestras venas.

> **El que no ama no conoce a Dios, porque Dios es amor.**
>
> —1 Juan 4.8

La empatía es algo mucho más arriesgado. Sería como tirarse al agua fría y sacar a la persona que se está ahogando. No todos hacen eso. De hecho, es tan inusual que consideramos «héroes» a los que lo hacen.

Y digno de héroes es este comportamiento también en nuestras relaciones con los demás. ¿Por qué? Porque la empatía *es* arriesgada. Te cambia. Cuando te pones en la situación del otro, ya no vuelves a mirarlo con los mismos ojos. Lo ves desde una perspectiva nueva que te convierte en una persona más paciente, alguien que ofrece la gracia, más preocupada y más dispuesta a amar a los demás.

Por cierto, tal vez pienses que como me he pasado la mayor parte de mi vida investigando sobre el tema, no debería tener problemas en mis relaciones con los demás. Pues no es así. Estoy totalmente de acuerdo con quienquiera que dijera: «Intentar observar el lento paso del egoísmo a la empatía es como tratar de ver crecer la hierba».

La empatía es un proceso. Es un arte que se aprende a lo largo de la vida. No puedes tacharlo de tu lista de tareas, pero siempre puedes mejorar. Y en mi caso descubrí una de las mejores formas de hacerlo cuando conocí al famoso psiquiatra, Scott Peck, autor del éxito de ventas *The Road Less Traveled* [El camino menos transitado]. Pasé tres días con él y un pequeño grupo en Knoxville, Tennessee, durante los cuales exploramos la lucha que mantenemos los seres humanos con nuestros egos. Y de nuestro tiempo juntos, jamás olvidaré la sencilla estrategia que nos expuso en aquel encuentro. Tras realizar varios ejercicios e interaccionar con el resto del grupo —unas doce personas—, el doctor Peck dijo: «[Ahora] quiero enseñaros qué es lo que nos permite ver más allá de nuestro propio interés y llegar a empatizar con los demás». Lo llamó «vacío».

Se refería a la capacidad que tenemos todos de deshacernos de nuestra necesidad de que los demás hagan lo que nosotros queremos, de vaciarnos de ella. Afrontémoslo, nos obsesiona conseguir que la vida sea como nosotros queremos. Podemos pasarnos semanas, incluso años, dándole vueltas a una determinada

Todo el que a sí mismo se enaltece será humillado, y el que se humilla será enaltecido.

—Lucas 14.11

situación porque no salió como nos hubiera gustado o porque nos molestó la actitud de alguien. Nos subimos por las paredes cada vez que lo pensamos. Sin embargo, cuando nos deshacemos de la necesidad compulsiva de salirnos con la nuestra, es decir, cuando renunciamos a la vida que llevábamos, algo casi místico tiene lugar en nuestra alma. Encontramos nuestra vida.

Cuando no tienes expectativas definidas, te quitas un enorme peso de encima y una felicidad desconocida se abre ante ti. Es de lo que hablaba el emperador romano y también filósofo Marco Aurelio cuando dijo: «Vivir felizmente es un poder interno de la mente». Cuando renunciamos al egoísmo, ya no reducimos nuestra felicidad a obtener siempre lo que queremos. Librarnos de la carga de buscar siempre salirnos con la nuestra es liberador para el alma y aumenta nuestra capacidad de entender a los demás. Abre la puerta a la empatía.

De acuerdo. Casi puedo oírte decir: ¿significa esto que para deshacernos de nuestras costumbres egoístas debemos renunciar a nuestras necesidades, deseos, derechos y objetivos? Es una pregunta importante y quiero dejar algo bien claro: el amor que obtenemos al abandonar todo egoísmo no se trata necesariamente de abnegación. He visto a muchas personas llenas de buenas intenciones decididas a «amar» a los demás negándose sus propias necesidades, como si el objetivo fuera el propio sacrificio.

No es así.

Eliminar de nuestro interior las necesidades egoístas no consiste en eso. Ya lo dice el más grande de los poemas de amor: «Si entrego mi cuerpo para que lo consuman las llamas, pero no tengo amor, nada gano con eso». El amor generoso no exige un gran sacrificio. Son las pequeñas cosas hechas con mucho amor las que caracterizan los actos de una persona que ha descubierto el poder de la generosidad. Pero debemos admitir que a veces hasta el más pequeño sacrificio cuesta mucho.

Una vez le hicieron la siguiente pregunta a Leonard Bernstein, el famoso director de orquesta: «¿Cuál es el instrumento más difícil de tocar?». A lo que él respondió rápidamente y demostrando gran ingenio: «Segundo violín. Puedo conseguir infinidad de primeros violines, pero encontrar a alguien que toque el segundo violín con el mismo entusiasmo es un verdadero problema». El apóstol Pablo también lo entendió así cuando escribió su carta a los romanos: «El amor debe ser sincero. Aborrezcan el mal; aférrense al bien. Ámense los unos a los otros con amor fraternal, respetándose y honrándose mutuamente.».

Entonces, la pregunta es la siguiente: ¿estás dispuesto a quedarte en segunda fila y anteponer las necesidades de los demás a las tuyas? ¿Estás dispuesto a cambiar? Permíteme que lo diga una vez más: una vez que empatizas con alguien, te conviertes en otra persona. El cambio puede ser pequeño o grande, pero te aseguro que cambias. No volverás a mirar a esa persona —ya sea un amigo, tu pareja, tu hijo, un compañero de trabajo o un completo desconocido— de la misma manera. Cada acto de empatía consciente es como un pequeño golpe de cincel de un escultor con el que, cada vez, vas obteniendo una perspectiva ligeramente diferente. No se puede evitar. Cuando imaginas cómo debe de ser estar en la piel del otro, cambias. La empatía te moldea. Da forma a un corazón más afín a Jesús.

Para reflexionar

- ¿Qué has sacado en claro de la encuesta que muestra que solo el diecisiete por ciento de los encuestados dicen ser egoístas, cuando vemos que son muchos más los que se comportan de forma egoísta la mayor parte del tiempo? ¿Admites que eres una persona egoísta parte del tiempo al menos? ¿Por qué o por qué no? ¿Te preocupas por ti más o menos que la gente que conoces?
- Imagina que estás en el aposento alto con Jesús y los discípulos la noche de la Última Cena. Jesús, tu maestro, se pone a lavarte los pies con cariño. Sitúate en aquel día y aquella época con el

significado que implicaría esa costumbre. ¿Cómo te sentirías y por qué? ¿Qué recuerdo indeleble te llevarías de la experiencia?

- ¿Estás de acuerdo con que el mayor obstáculo para la compasión es el miedo a no ser lo primero, a no conseguir lo que quieres? ¿Recuerdas algún ejemplo concreto que hayas experimentado en tu vida? ¿Qué te ha enseñado?

- Cuando Jesús enseñó el principio de caminar la milla extra, era —y sigue siendo— un concepto radical. ¿Aspiras a hacer lo mismo en tus relaciones? ¿Por qué o por qué no? ¿Cuándo fue la última vez que hiciste por alguien algo que no esperaba? ¿Qué ocurrió?

- ¿Qué tal se te da ponerte en la piel de otro? ¿Te pondrías buena nota en empatía? ¿Por qué? ¿Te ha ocurrido en la última semana que hayas observado el mundo —o un aspecto en particular al menos— desde la perspectiva de otra persona?

CONCLUSIÓN

¿DE VERDAD ES POSIBLE?

Yo soy la vid y vosotros las ramas.

—Jesús

Llevo años reuniéndome con estos individuos. Diez hombres decididos y sin tiempo para nada que realmente no se conocían al principio. Pero todos sabíamos que queríamos tener una vida mejor, queríamos ser mejores personas. Así que nos reunimos por primera vez en una sala de juntas de un edificio de oficinas en el centro de Seattle. Nos bautizamos como el «Club del cinco por ciento» porque queríamos concentrarnos en ese cinco por ciento de nuestras vidas que no compartimos con los demás. El bueno, el feo y el malo.

No estudiamos un libro concreto. No seguimos un plan ni vemos videos de charlas TED. Ni siquiera nos damos consejos (de hecho, tenemos una norma que lo prohíbe). Nuestra intención no es otra que compartir pensamientos que no hemos compartido con nadie más. Nos hacemos preguntas. Y escuchamos. Durante dos horas cada dos martes. Y llevamos diez años así.

¿Crees que nos conocemos bastante bien a estas alturas? Te lo aseguro. Por eso cuando hace no mucho hice una pregunta en el grupo y nadie dijo gran cosa, no me costó presionarlos un poco para que respondieran con sinceridad.

La pregunta que hice fue: «¿A quién odian?».

Nadie respondió. Se quedaron ahí sentados en silencio un rato hasta que, por fin, uno dijo: «No odio a nadie». Otros se apresuraron a asentir con la cabeza en señal de acuerdo. «Yo tampoco», murmuraron algunos.

«Está bien», dije yo, «entonces déjenme que les haga otra pregunta. ¿Quién se ha interpuesto en la trayectoria de vuestra vida?».

Esta vez no se quedaron tan callados. De hecho, la sala vibraba con la intensidad de sus respuestas. Por lo visto, todos tenían una lista más o menos precisa de personas que les habían puesto las cosas difíciles en algún momento. «Pete, en San Luis —dijo alguien (no es su verdadero nombre ni tampoco la ciudad es real)—. De no haber sido por él, me habrían ascendido y ahora estaría en un lugar muy diferente». Siguió hablando del tal Pete, imitando su voz y sus gestos. Algunos nos reímos. Otros ponían muecas. Después de muchos años, pensar en Pete seguía evocando fuertes sentimientos en nuestro amigo. Era obvio.

Otro dijo: «Estaba ese tío de la empresa en la que trabajaba antes, probablemente fuera el culpable de que me fuera. Ni decir su nombre puedo». Al que se unió otra voz. Y otra. Por supuesto, yo también mencioné a alguien que me dio problemas a mí.

Sin que nadie lo sugiriese o lo ordenase, cada uno de nosotros tenía literalmente una lista con las personas que le habían puesto problemas en algún momento de la vida, personas que los habían puesto furiosos. Todos teníamos una lista con las personas que no nos caían bien, personas que despreciábamos, detestábamos, que odiábamos. Tuvimos que admitirlo.

¿A qué había venido la pregunta? A que acababa de leer un desconcertante pasaje y tenía curiosidad por conocer la opinión de mis amigos: «Si alguien afirma: "Yo amo a Dios", pero odia a su hermano, es un mentiroso; pues el que no ama a su hermano, a quien ha visto, no puede amar a Dios, a quien no ha visto. Y él nos ha dado este mandamiento: el que ama a Dios, ame también a su hermano».

En ese momento nos dimos cuenta los diez, todos creyentes y amantes de Jesús, de que teníamos un problema. Nos dimos cuenta de que había personas en nuestra vida a las que odiábamos. Algunos llegamos a confesar que no nos dolería si algo les ocurriera. Fue entonces cuando uno de nosotros dijo: «¿Pero es posible siquiera amar como Jesús?».

Puede que tú, lector, te hayas hecho la misma pregunta a medida que leías el libro. Es posible que te estés preguntando si es posible alcanzar un listón del amor tan alto en la vida real.

He señalado cinco formas concretas que pueden ayudarnos a amar como lo hizo Jesús:

1. Sé consciente, menos indiferente, al ver lo que otros no ven.
2. Sé accesible, menos excluyente, al salir de tu zona de confort.
3. Sé lleno de gracia, menos crítico, al no amar únicamente a los que lo merecen.
4. Sé atrevido, menos temeroso, al decir la verdad aun a riesgo del rechazo.
5. Sé generoso, menos egoísta, al vaciarte por dentro para dejar espacio para la empatía.

Quiero que repases esta lista y te preguntes cuál de estos cinco puntos te resulta más fácil y cuál te resulta más difícil. Y ahora pasemos de conceptos abstractos a ejemplos concretos. Piensa en las relaciones que mantienes con las personas en tu vida. ¿A quién te cuesta más trabajo amar? No quiero obligarte a admitir que odies a nadie. Solo quiero que pienses en una persona a la que te cuesta amar.

La prueba es la siguiente: ¿eres capaz de amar a esa persona como amaba Jesús a los demás? ¿Eres capaz de amar sin mostrarte cauteloso, sino extravagante? ¿Eres capaz de ofrecerles gracia? ¿Eres capaz de amar sin esperar nada a cambio, sino entregándote por completo? ¿Eres capaz de amar de esa forma?

Te lo diré sin rodeos. Yo no. Me parece imposible. Antinatural. Así que si estás pensando: «Yo tampoco puedo», estoy contigo.

Pero he aprendido una cosa. Al final, amar como Jesús, a un nivel tan alto, es una búsqueda personal. No se trata tanto de *hacer* como de *ser*.

Es cierto que podemos esforzarnos en centrar la atención y en ser más conscientes de lo que pasa a nuestro alrededor. Podemos bajar la guardia y abrir nuestros corazones para ser más accesibles y menos excluyentes. Podemos controlar las críticas que vertemos y ser más generosos. Podemos arriesgarnos a que nos rechacen con el objetivo de forjar una relación más auténtica. Podemos, incluso, sacrificar nuestros propios intereses para tocar segundo violín. Pero en última instancia, si luchamos por nuestra propia fuerza para demostrar amor, fracasaremos miserablemente.

Solo hay una manera de resolver la tensión entre los altos ideales que Jesús nos enseñó y la fea realidad de nuestras vidas egoístas: aceptar que jamás seremos capaces de amar como él, y que tampoco tenemos que hacerlo.

No tenemos que hacerlo porque Jesús quiere amar a través de nosotros. Nuestro trabajo consiste en dejar que suceda. Esa es la verdad más importante que obtendrás de este libro. Deja que lo repita: en resumidas cuentas, amamos como Jesús cuando dejamos que Jesús ame *a través de nosotros*. No es un esfuerzo nuestro. No tenemos que intentar imitar a Jesús. Es una tarea interior. Se trata de convertirnos en un canal para su amor.

Si notas algún tipo de recelo repentino, lo entiendo. Todo esto puede parecer desconcertante, cuando no místico. Pero es que es así. En otras ocasiones, he tomado prestadas las palabras del físico francés Blaise Pascal: «Sabemos la verdad no solo gracias a la razón, sino por el corazón». Así que mientras reflexionas sobre cómo podría Jesucristo vivir en nosotros, te pido que razones con tu corazón además de con la cabeza.

El misterio de esta idea se resuelve, en parte, a través de la experiencia. Millones y millones de cristianos a lo largo de muchos siglos pueden atestiguar que cuando crees de verdad en Dios, cuando estás en sintonía con su Espíritu, Cristo vive en ti. Mora en tu interior. El apóstol Pablo confiesa que le cuesta amar como Jesús y así lo dijo al final en su carta a los gálatas:

Yo, por mi parte, mediante la ley he muerto a la ley, a fin de vivir para Dios. He sido crucificado con Cristo, y ya no vivo yo, sino que Cristo vive en mí. Lo que ahora vivo en el cuerpo, lo vivo por la fe en el Hijo de Dios, quien me amó y dio su vida por mí. No desecho la gracia de Dios. Si la justicia se obtuviera mediante la ley, Cristo habría muerto en vano.

Pablo desvela el secreto del misterio de cómo podemos amar como Jesús. En su carta a los seguidores de Jesús, en Colosenses: «[...] anunciando el misterio que se ha mantenido oculto por siglos y generaciones, pero que ahora se ha manifestado a sus santos. [...] cuál es la gloriosa riqueza de este misterio entre las naciones, que es Cristo en ustedes, la esperanza de gloria».

Ninguna otra religión o movimiento implica que la presencia viva de su fundador habite en el interior de sus seguidores. Mahoma no mora en el interior de los musulmanes. Buda no habita en el interior de los budistas. Pero los que creen en Jesucristo abrazan la promesa de que él, Jesucristo, viven en ellos. «[...] sean transformados mediante la renovación de su mente». Cuando invitamos a Jesús a vivir en nosotros, su Espíritu consigue sacar lo mejor de nosotros.

El Espíritu de Jesús que vive en nosotros no es inaccesible. No requiere prácticas espirituales extrañas. No hay que sacrificar animales ni buscar a un chamán o a un profeta. No es necesario aislarse en la mitad de un desierto baldío o practicar el ayuno. Tampoco hace falta vestir unas prendas determinadas o practicar la autoflagelación; ni siquiera es necesario asistir a retiros espirituales. No es necesario llevar a cabo ningún ritual religioso. Sencillamente invitamos al Espíritu de Cristo a vivir en nosotros. Las Escrituras lo denominan Espíritu Santo.

El propio Jesús lo denomina el Espíritu de la verdad:

Pero, cuando venga el Espíritu de la verdad, él los guiará a toda la verdad, porque no hablará por su propia cuenta, sino que dirá solo lo que oiga y les anunciará las cosas por venir.

El Espíritu Santo no es una fuerza etérea, imprecisa o misteriosa. El Espíritu Santo es un amigo, el mejor amigo, que camina a nuestro lado, ayudándonos a vivir y a amar al nivel más alto posible. ¿Quién no querría un amigo así?

Todo psicólogo social conoce el valor que tiene un buen amigo. Innumerables estudios revelan que un buen amigo que quiere lo mejor para nosotros —alguien a quien respetamos y en quien confiamos— nos empodera para bien. Toni Antonucci, profesora de psicología en la Universidad de Michigan, desarrolló una estructura de amistad que estaba representada por tres círculos concéntricos que describe como muy unidos, unidos y no tan unidos, aunque sigan existiendo vínculos personales. Los anillos pueden desempeñar distintos papeles, amistades en las que existen fuertes vínculos emocionales que realizan unas funciones, y otras amistadas no tan íntimas que están ahí para cubrir otras necesidades.

Pero es en el círculo central en el que encontramos las relaciones más importantes, a nuestros mejores amigos, los que desempeñan un valioso papel como confidentes, esa persona que escucha y presta atención, siempre dispuesta a ayudar cuando nadie más lo hace. Alguien que se compromete a sacar lo mejor de nosotros. Estas son las conexiones que modelan nuestro carácter y nos ayudan a cultivar la compasión. Aristóteles tenía un nombre para estas relaciones que están dentro del círculo interior: «amistades basadas en el carácter». Decía que contribuían a nuestro desarrollo moral. Según Aristóteles, nuestros mejores amigos modelan nuestro carácter. Están a nuestro lado y nos ayudan a que nos demos cuenta de que lo que acabamos de hacer es un acto de generosidad y no una pérdida de tiempo. Nos muestran cómo aprovechar nuestros puntos fuertes y mejorar los débiles. Igual que el hierro sirve para afilar el hierro, estos amigos nos ayudan a ser mejores personas.

Y a eso se refiere Jesús cuando habla de ese amigo perfecto, el Espíritu Santo. En el centro de nuestro círculo de la amistad está el amigo que conforta y aconseja, el que aboga por que seamos mejores de lo que estamos tentados de ser.

De hecho, las Escrituras le dan diferentes nombres al Espíritu Santo, y es interesante comprobar que los nombres que le dan se corresponden con las cinco formas de amar como Jesús que hemos visto en este libro:

1. Sé consciente, afirmándote en el «Espíritu de sabiduría».
2. Sé accesible, afirmándote en el «Espíritu del consuelo».
3. Sé lleno de gracia, afirmándote en el «Espíritu de la gracia».
4. Sé atrevido, afirmándote en el «Espíritu de poder».
5. Sé generoso, afirmándote en el «Espíritu de Dios».

La clave de todo está en el concepto de «apoyarse»: la intención consciente de invitar y recibir al Espíritu Santo en nuestras vidas, en todo momento. En mi experiencia, el Espíritu Santo no llega de manera mística a tu vida en forma de palmada en el frente para mejorar de repente todos los aspectos de tu existencia y asegurarte la felicidad. Que el Espíritu esté en tu vida no quiere decir que las cosas vayan a ser más fáciles. Estar lleno del Espíritu no elimina el dolor. Caminar en el Espíritu es algo que hacemos *en* el dolor y el esfuerzo, no *en lugar* de ello.

La vida llena del Espíritu es una vida sobrenatural, eso seguro. Pero requiere trabajo por nuestra parte. No nos limitamos a dejar que las cosas pasen y que Dios entre en nosotros. El salto de fe por nuestra parte sigue siendo necesario. Tenemos que arriesgarnos. Tenemos que abrirnos, extender los brazos, arrepentirnos, orar, ser buenos compañeros, obedecer y hacer todo lo que implica la auténtica fe. Pero no olvides que no estaremos solos cuando lo hagamos. Ni siquiera lo hacemos por fuerza de voluntad. Colaboramos con el Espíritu. Nuestro Amigo camina a nuestro lado y nosotros caminamos a su lado. Trabajamos juntos.

Cómo funciona el Espíritu Santo

Alguien dijo que muchos de nosotros creemos que el Espíritu Santo es como nuestra glándula pituitaria. Sabemos que está ahí, nos alegra que esté y no queremos que desaparezca, pero no sabemos con seguridad qué hace. Bueno, pues el Espíritu Santo hace mucho. Para lo que nosotros buscamos ahora mismo, el Espíritu Santo es nuestro maestro, nuestro guía, es quien nos ofrece consuelo y ayuda. No es una fuerza misteriosa; es la presencia de Dios en nuestro ser. El Espíritu es nuestro Amigo.

Algunos resumen la alianza Padre, Hijo y Espíritu Santo de la siguiente manera: *el Padre planifica, el Hijo realiza y el Espíritu aplica.* Los teólogos pueden debatir sobre la simplicidad de esta idea, pero lo que yo quiero decir es que el Espíritu deja sus huellas en nuestras acciones hechas con amor. Nos mantiene en sintonía con el amor de una manera que tal vez nunca consideremos propia. El Espíritu es lo que permitió que Jesús viera a Zaqueo como nadie más lo hacía. Ayudó a Jesús a mostrarse accesible para marginados como María Magdalena. El Espíritu empoderó a Jesús a ofrecer gracia a una mujer a la que habían pillado cometiendo adulterio. El Espíritu dio valor a Jesús para exponer lo que movía a los falsos predicadores y líderes legales de su época. Y también fue el Espíritu quien consoló a Jesús en sus últimos días para permitir que diera la vuelta a la situación y mostrara a sus discípulos cómo servir en vez de dejar que lo sirvieran a él la noche de su última cena juntos. En resumen, fue el Espíritu Santo quien ayudó a Jesús a intuir cómo amar al prójimo.

Así es como funciona.

Cuando afirmarse en el Espíritu se convierte en una costumbre, la materia gris de nuestro cerebro se calma y el amor comienza a trabajar en piloto automático. Relevamos a la mente de la tarea de trabajar horas extra tratando de medir nuestros intentos de amar o no hacerlo. Deja de ser una pregunta. La vida en el Espíritu significa que la decisión ya está tomada. Basta de parálisis analítica. La tensión se reduce a medida que aumenta la intuición espiritual. *Cuando la mente se aclara, cuando calmas la parte racional de la mente lo bastante como para hacer sitio para que el Espíritu trabaje con la parte intuitiva, el amor rehace la agenda y deja el orgullo a un lado para dejar espacio para el amor al más alto nivel.*

En mi experiencia, el Espíritu suele trabajar con la intuición, el sentido de la verdad natural, inmediato y que no conoce prejuicios. Aquellas personas especializadas en tomar decisiones saben que pueden fiarse de su intuición, y al mismo tiempo es posible que los incomode fiarse de una fuente que parece involuntaria, etérea incluso. Es difícil afirmarse en la intuición sin contar con la mente racional, igual que puede costarnos trabajo pensar en cómo vivir en el Espíritu. Puede que fuera por eso por lo que el físico francés Blaise Pascal dijo: «El corazón tiene sus razones que la razón desconoce».

Hay quien piensa que la intuición es un rasgo innato que no todo el mundo posee. Pero los científicos no. Para ellos no existe tal cosa como que unas personas han sido bendecidas de poseer intuición. Dicen que todos nosotros poseemos la capacidad de la intuición. Dicen que la intuición crece en *todos* nosotros. Todo el mundo tiene acceso a esa parte de sí.

Aquellos que dicen que carecen de intuición piensan únicamente en la mente racional. El psicólogo Antoine Bechara, de la Universidad del Sur de California, realizó un estudio con pacientes con daño cerebral que no eran capaces de formar intuiciones emocionales a la hora de tomar decisiones. Dejaban que decidieran basándose únicamente en el razonamiento. «Terminaron haciendo análisis muy complicados, teniendo en cuenta todos los factores, hasta el punto de tardar horas en decidirse entre dos tipos de cereales», dijeron los expertos encargados del experimento.

Afrontémoslo, la intuición es un don. Albert Einstein lo llamaba el don sagrado. Y tal vez sea uno de los primeros lugares en los que encontrar el Espíritu de Dios. Cuando Einstein llamó «don sagrado» a la mente intuitiva, se refería a sus implicaciones espirituales. Ignorar la profundidad espiritual de esos susurros interiores que nos manda la mente intuitiva es no hacer caso a su poder potencial.

Pero ¿tiene razón Einstein? ¿Es posible que la guía divina llegue hasta nosotros a través de la mente intuitiva? ¿Es posible que esos momentos en los que dejamos a un lado los prejuicios sean susurros del Espíritu?

•

He hablado con muchas personas de fe, cristianos que van a la iglesia y se esfuerzan en seguir los principios de Dios, pero a los que se les escapa lo que es vivir en el Espíritu. No llevan una vida sobrenatural sencillamente porque o bien intentan hacerlo a su manera, con su esfuerzo —de manera que terminan comparando su progreso con el de los demás (lo que deja la puerta abierta a la superioridad moral)— o no han llegado a entender verdaderamente que lo único que tienen que hacer es pedir ayuda a nuestro Amigo. En la economía al revés de amar como Jesús, se empieza buscando y llamando, en vez de esforzándose y bregando.

Pablo predicó esta lección en numerosas ocasiones, sobre todo en sus cartas a los gálatas y los efesios. Dijo: «Si el Espíritu nos da vida, andemos guiados por el Espíritu». Y rápidamente se dio cuenta de que no es bueno compararnos con otros en esto:

Si el Espíritu nos da vida, andemos guiados por el Espíritu. No dejemos que la vanidad nos lleve a irritarnos y a envidiarnos unos a otros.

En otras palabras, dice que debemos tener la intención de hacer las cosas. En todos los aspectos de la vida, en casa, en el trabajo, incluso entre desconocidos, debemos afirmarnos en el Espíritu Santo. Y continúa diciendo que cada uno lo hace a su manera:

No dejemos que la vanidad nos lleve a irritarnos y a envidiarnos unos a otros.

Esto quiere decir que no debemos enredarnos en comparar nuestros progresos con los de los demás, sino que debemos centrarnos en saber cómo dejarnos guiar por el Espíritu. Y si no estás seguro de por dónde empezar, piensa en las cinco formas de amar como Jesús que hemos visto en el libro. Puede que sean las cinco mejores formas de dejarnos guiar por el Espíritu de Cristo:

1. Tenemos que *abrir los ojos* para ser más conscientes del Espíritu en nuestra vida. Tenemos que rogar: «Ayúdame a reconocerte y a aprender cómo es tu voz. Quiero verte, en todo momento de mi vida». Esto es lo que Jesús dijo al respecto:

Si ustedes me aman, obedecerán mis manda-
mientos. Y yo le pediré al Padre, y él les dará
otro Consolador para que los acompañe siempre: el Espíritu de verdad, a quien el mundo no
puede aceptar porque no lo ve ni lo conoce.
Pero ustedes sí lo conocen, porque vive con
ustedes y estará *en* ustedes.

2. Tenemos que *abrir los brazos* e invitar al Espíritu
   a vivir en nosotros. Tenemos que orar: «Te doy
   la bienvenida a mi vida, aunque esté cansado, y a
   este momento para que me enseñes a amar como
   tú». Esto es lo que Pablo tenía que decir sobre
   este tipo de oración:

   Así mismo, en nuestra debilidad el Espíritu
   acude a ayudarnos. No sabemos qué pedir,
   pero el Espíritu mismo intercede por nosotros
   con gemidos que no pueden expresarse con
   palabras. Y Dios, que examina los corazones,
   sabe cuál es la intención del Espíritu, porque el
   Espíritu intercede por los creyentes conforme a
   la voluntad de Dios.

3. Tenemos que *abrir los corazones* para aceptar la
   guía del Espíritu. Tenemos que orar: «Guíame
   aunque no sepa qué decir o qué hacer. Quiero

escuchar tus sinceras enseñanzas, aunque no sea bonito». Esto es lo que Jesús dijo al respecto:

Pero, cuando venga el Espíritu de la verdad, él los guiará a toda la verdad, porque no hablará por su propia cuenta, sino que dirá solo lo que oiga y les anunciará las cosas por venir.

4. Tenemos que *abrir la boca* para atrevernos a pedir que el Espíritu nos dé fuerzas. Tenemos que rogar: «Haz maravillas a través de mí en este momento para amar a esta persona. Dame la fuerza que no tengo para amarla como tú». Esto es lo que Pablo dijo al respecto:

Al que puede hacer muchísimo más que todo lo que podamos imaginarnos o pedir, por el poder que obra eficazmente en nosotros, ¡a él sea la gloria en la iglesia y en Cristo Jesús por todas las generaciones, por los siglos de los siglos! Amén.

5. Tenemos que *abrirnos* entregando nuestra vida al Espíritu cada día. Tenemos que orar: «Quiero entregarte mi voluntad y depender de ti para que introduzcas en mí tus deseos y motivaciones

para amar a los demás. Dependo de ti para amar a los demás al más alto nivel. No puedo hacerlo sin ti». Esto es lo que dijo Pablo a los efesios:

> Porque por gracia ustedes han sido salvados mediante la fe; esto no procede de ustedes, sino que es el regalo de Dios, no por obras, para que nadie se jacte. Porque somos hechura de Dios, creados en Cristo Jesús para buenas obras, las cuales Dios dispuso de antemano a fin de que las pongamos en práctica.

Como ya he dicho, se trata de apoyarse y lo hacemos abriendo los ojos, los brazos, los corazones, la boca y nosotros mismos. Entonces es cuando cobra sentido la vida en el Espíritu. Es cuando nuestro Amigo nos recuerda cómo amar como Jesús guiándonos y brindándonos consejo. Si la idea de dejarnos guiar por el Espíritu Santo es algo nuevo para ti pero así y todo quieres incorporarlo a tu vida a un nivel más práctico, lee el apéndice que aparece al final del libro. En él profundizo un poco más en lo que es una vida en el Espíritu y proporciono sugerencias adicionales.

El Espíritu reproduce el carácter de Jesucristo en nuestro interior de una manera que a nosotros no se nos ocurriría. Por eso las Escrituras lo comparan con «el fruto del Espíritu»: amor, alegría, paz, paciencia, amabilidad, bondad, fidelidad, humildad y dominio propio. No se trata de una lista de tareas que debemos cumplir. No podemos encarnar estas cualidades del amor de manera fidedigna. No. No es necesario que nos obliguemos a realizar un ejercicio tan improductivo y saboteador. Simplemente, tenemos que confiar en su Espíritu —nuestro Amigo— para reproducir estas cualidades en nosotros. Cuanto más nos afirmamos en el Espíritu de Cristo para conseguir que se manifiesten todas estas cualidades en nuestras relaciones, más evidentes resultarán.

Pero deja que te recuerde lo que dije al principio de este libro. Esta idea de amar como Jesús no es racional. El listón que dejó se nos antoja totalmente fuera de nuestro alcance. Por eso debemos razonar con el corazón y no solo con la cabeza si queremos que el Espíritu de Cristo entre en nosotros para guiarnos. Y, por supuesto, esto no tendrá ningún sentido racional para aquellos que aún no hayan invitado a Dios a vivir en ellos. Esto es lo que Pablo dijo a los primeros cristianos en Roma:

> Sin embargo, ustedes no viven según la naturaleza pecaminosa, sino según el Espíritu, si es que el Espíritu de Dios vive en ustedes. Y, si alguno no tiene el Espíritu de Cristo, no es de Cristo. Pero, si Cristo está en ustedes, el cuerpo está muerto a

causa del pecado, pero el Espíritu que está en ustedes es vida a causa de la justicia. Y, si el Espíritu de aquel que levantó a Jesús de entre los muertos vive en ustedes, el mismo que levantó a Cristo de entre los muertos también dará vida a sus cuerpos mortales por medio de su Espíritu, que vive en ustedes.

Jesús sabía que todo esto del Espíritu santo era un poco confuso, que no era un concepto fácil de entender. Su naturaleza mística provoca que nuestra mente racional se cuestione inmediatamente cómo tal experiencia podría ser real. Por eso decidió ilustrarlo en una imagen descrita cuidadosamente.

Jesús y sus discípulos habían terminado ya su memorable cena de celebración de la Pascua judía en el aposento alto, su última cena. Salieron de la casa, recorrieron las calles en dirección a las puertas de la ciudad y se dirigieron hacia el jardín de Getsemaní, en la colina más baja del Monte de los Olivos. No está lejos. De hecho, yo mismo recorrí el camino para imaginar mejor el momento. Está a unos setecientos metros de las murallas de Jerusalén. Pero es un camino empinado, que atraviesa el Valle de Cedrón. Y como el Sanedrín, el consejo de sabios de la antigua Israel, andaba buscando a Jesús, estoy seguro de que él y sus discípulos no se demoraron. Caminarían a paso ligero, aunque Jesús aprovechó bien el tiempo. Sabía que sería la última oportunidad que tendría de enseñar a aquellos hombres que lo seguían desde hacía tres años. Judas ya se había ido para llevar a cabo su traición. La ominosa serie de acontecimientos había comenzado. Jesús sabía lo que lo aguardaba en Getsemaní y que cambiaría las cosas para siempre.

De modo que decidió dar su última clase magistral por el camino:

Permanezcan en mí, y yo permaneceré en ustedes. Así como ninguna rama puede dar fruto por sí misma, sino que tiene que permanecer en la vid, así tampoco ustedes pueden dar fruto si no permanecen en mí. Yo soy la vid y ustedes son las ramas. El que permanece en mí, como yo en él, dará mucho fruto.

Mientras él describía la imagen, el grupo atravesaba una de las muchas zonas de vides que abundaban en el valle entre la ciudad y el jardín. El maestro, Jesús, sabía que una lección tan visual se les quedaría mejor en la cabeza. Lo explicó de manera que todos lo entendieran y recordaran.

Las ramas toman su energía y su fuerza de la vid. No pueden producir frutos si no están unidas al tronco de la vid. Y si queremos amar como Jesús, debemos estar unidos a él. Cuanto más permanezcamos en contacto con él y nos afirmemos en su Espíritu, más fruto daremos, es decir, más cerca de amar como Jesús estaremos.

El mensaje que subyace es que amar como Jesús no *se consigue*, sino que *se recibe*. En el momento que nos damos cuenta de que no podemos amar a un alto nivel si no dejamos que su amor nos atraviese, recibimos lo que necesitamos. Como cuando transformó el agua en vino, Dios convierte todos mis esfuerzos, con frecuencia insuficientes, en algo mejor de lo que yo habría podido ofrecer.

Así es como se ama como Jesús.

CÓMO HACER DE UN AMOR COMO ESE UN HÁBITO

No amemos de palabra ni de labios para afuera, sino con hechos y de verdad. En esto sabremos que somos de la verdad, y nos sentiremos seguros delante de él: que aunque nuestro corazón nos condene, Dios es más grande que nuestro corazón y lo sabe todo.

—Jesús

Seguro que habrás oído esa canción infantil que habla de cinco ranas sentadas en un tronco. Cuatro deciden marcharse de un salto. ¿Cuántas quedan? *Una*, dirás.

Pero la respuesta es cinco. ¿Cómo es eso? Porque existe una diferencia entre decidir y hacer. Una cosa es tener la motivación para actuar y otra cultivar la disciplina para hacerlo de verdad. En otras palabras, el verdadero asunto es transformar la idea de amar como Jesús en algo más que una decisión. Ese es el comienzo. Pero la clave está en hacer de ello un hábito.

Dicho de una forma más precisa, se trata de convertir las cinco cualidades del amor que he apuntado en este libro —ser consciente, ser accesible, ser lleno de gracia, ser atrevido y ser generoso— en una forma de vida. Y eso se consigue cultivando lo que los expertos llaman *hábitos clave*. ¿Qué es eso? Consiste en desarrollar un hábito que es tan importante que da lugar a un efecto en cadena que produce una serie de efectos positivos en tu vida. Un hábito clave llega formando un efecto de goteo. Las cosas buenas suceden como resultado de fomentar ese hábito clave.

«Somos lo que hacemos una y otra vez», dijo Aristóteles. Y los psicólogos sociales actuales no podrían estar más de acuerdo. La vida hoy en día consiste, fundamentalmente, en la suma de tus hábitos, para bien y para mal. ¿Cómo es tu estado de forma? Un resultado de tus hábitos. ¿Tienes unas finanzas saludables? Un resultado de tus hábitos. ¿Eres una persona productiva o improductiva? Otro resultado de tus hábitos. Expertos de la Universidad de Duke llegaron a la conclusión de que más del cuarenta por ciento de nuestros actos diarios no son decisiones reales. Son hábitos. Lo que haces una y otra vez, día tras día, da forma a la persona que eres, especialmente en lo que se refiere a amar a los demás al más alto nivel. De este modo, y ahora que ya has leído el libro, puedes considerar este apéndice un plan de acción que te ayude a incorporar los principios estudiados. Cuando lo unimos a las lecciones más en profundidad que representa cada capítulo del libro, este apéndice se convierte en una guía práctica para pasar al siguiente nivel.

El camino de la mínima resistencia

Me crie en Boston, un lugar en el que la planificación urbana gravita en torno a los pensamientos de una vaca del siglo XVII. Literalmente. Las carreteras de la ciudad se formaron siguiendo los caminos de vacas que se formaron en 1600. Observando la topografía comprobamos que las vacas iban siempre por donde más fácil les resultaba moverse, por ejemplo, con la menor inclinación. Cuantas más vacas pasaban por una determinada zona, más definido quedaba el camino. Y al final estos caminos se convirtieron en las carreteras que zigzaguean a lo largo de toda la ciudad actual.

¿Cómo pudo ser? Porque, a menos que intervengas deliberadamente, la energía va por donde más fácil le resulta moverse. Y esto es así con las vacas y con todo en la naturaleza, ya sea el agua, el viento, las corrientes eléctricas, los animales o los seres humanos. Naturalmente, nosotros avanzamos por el camino que menos resistencia ofrezca. Es algo instintivo. Es una ley. Como esta otra: *Con un poco de intención y algo de disciplina, cada uno puede reconfigurar el camino que menos resistencia le ofrezca, creando un hábito nuevo de comportamiento hasta que se convierta en algo automático.* Puedes cambiar un viejo hábito o crear uno nuevo.

Eso es lo que hizo Tony Dungy. Como entrenador de fútbol profesional, Tony quería que sus jugadores dejaran de tomar tantas decisiones en un partido para que pasaran a reaccionar de forma automática. Sabía que su equipo ganaría si lograba inculcar a sus jugadores los hábitos adecuados. «Los campeones no hacen cosas extraordinarias. Siguen los hábitos aprendidos», explicaba.

Pero Tony tenía un problema. Cada vez que lo entrevistaban para un puesto de entrenador de la NFL, su filosofía se venía abajo. Los dueños de los equipos no se lo creían. O no lo hicieron hasta que, en 1996, un equipo malísimo como el de los Tampa Bay Buccaneers lo llamó para ofrecerle el puesto de primer entrenador.

Tony Dungy decidió poner en práctica su estrategia de inmediato. No se concentró en seguir un elaborado plan de juego o en hacer que sus jugadores memorizasen cientos de formaciones. Él quería eliminar la toma de decisiones por parte de sus jugadores durante el partido. Sencillamente, hizo que aprendieran una serie de movimientos clave hasta que se convirtieron en algo natural para ellos. Trabajó personalmente con cada jugador para que comprendiera las señales visuales que desencadenarían hábitos. Si el guardia ofensivo se salía de la formación o el pie del corredor indicaba un pase, sus jugadores no tendrían que pensar cómo actuar. Su respuesta sería resultado del hábito, algo natural. Dungy tardó casi un año en que estos hábitos se afianzaran. Pero cuando lo consiguió, el resultado fue impresionante.

El sistema de Dungy para crear pensamientos automáticos consiguió que los Bucs se convirtiera en uno de los equipos de más éxito de la liga de fútbol. Se convirtió en el único entrenador de la NFL de la historia en llegar a los *playoffs* diez años seguidos, el primer entrenador afroamericano en ganar el *Super Bowl* y una de las figuras más respetadas del deporte profesional. Y todo porque entendió el poder que residía en cultivar hábitos productivos. Hasta el punto de que dejó a un lado la necesidad de tomar decisiones y liberó los cerebros de sus jugadores para que actuaran con mayor eficacia e inteligencia.

Y ahí está la clave: liberar nuestros cerebros. Una vez que un hábito comienza a desarrollarse, la materia gris del cerebro es libre de relajarse o de seguir otro camino. Piensa en algo tan sencillo como lavarse los dientes. Antes de empezar el día, coges el cepillo de dientes y pones pasta. Lo haces sin pensar. Es automático. Hábitos como este liberan tu cerebro. Le ayudan a funcionar con más eficacia.

Pero conservar hábitos mentales es complicado porque si nuestros cerebros se relajan en los momentos que no deben, podríamos perdernos algo importante. Por eso los ganglios basales —la parte interna del cerebro asociada a los actos rutinarios— han encontrado un inteligente sistema para determinar cuándo dejar que los hábitos tomen el mando. Esperan una señal (como un anuncio en la televisión, un determinado lugar, un momento del día, un caramelo, una emoción o una persona) para decirle a nuestro cerebro que ceda el control a un determinado hábito. En ese momento el cerebro deja de participar en la toma de decisiones. Dejar de trabajar. Y si aprendemos a crear nuevas rutinas neurológicas, si tomamos el control de un hábito, podemos hacer que desaparezcan las tendencias negativas para dejar espacio a unos hábitos más productivos y convertirlos en ese camino que no nos ofrece resistencia.

Eso es exactamente lo que me he propuesto hacer con este apéndice. ¿Por qué? Quiero ayudarte a crear una rutina neurológica nueva. Quiero entrenar a tus ganglios basales para te resulte más fácil amar como Jesús. Quiero ayudarte a convertir los comportamientos de los que hemos hablando —ser consciente, accesible, lleno de gracia, atrevido y generoso— en algo automático, de manera que no tengas que agotar tu cerebro con tantas decisiones para conseguir amar como Jesús. En lugar de ello, formará parte de tus relaciones cada vez más porque *no* tendrás que pensar en ello. Amar se convertirá en un hábito. Y se basa en el secreto que Jesús nos dio para amar como él.

No te olvides de tu amigo sobrenatural

A lo largo de los cinco capítulos que forman este libro, he expuesto la estructura necesaria para entender cómo amar más como lo hizo Jesús. He intentado señalar no solo lo que Jesús nos enseñó y preparó para nosotros, sino subrayar también lo que con mucha frecuencia nos impide hacerlo y, lo que es más importante, lo que podemos hacer para integrar un amor como ese en nuestras vidas. Pese a todo nuestro mejor esfuerzo, confieso que es imposible acercarnos a Jesús, la imagen perfecta de Dios.

Podemos saber qué es lo que tenemos que hacer e incluso estar dispuestos a hacerlo, pero sigue quedando el acto de *hacerlo* en sí. Y ahí es donde nos quedamos atascados. Lo intentamos, y fracasamos. Volvemos a intentarlo, y volvemos a fracasar. Y seguimos fracasando hasta que interiorizamos esta verdad: *no estamos solos; el Espíritu Santo nos ayuda a amar a los demás.* No es una forma inteligente de volver las tornas o de escabullirnos. Es que funciona así. Es la verdad. Así es como crecemos espiritualmente. Es lo que algunas tradiciones cristianas denominan «formación espiritual», cuando el Espíritu nos transforma en personas capaces de amar como Jesús. Como ya he dicho en la conclusión del libro, todo se reduce a apoyarse y dejarse guiar por el Espíritu Santo, nuestro Amigo con mayúsculas.

El Espíritu no es una ocurrencia tardía o un segundón. El Espíritu estaba ahí en el momento de la creación —desde el principio— y la Biblia explica en detalle la íntima relación entre Jesús y el Espíritu Santo a lo largo de toda su vida terrenal. Jesús fue concebido por el Espíritu Santo. El Espíritu Santo descendió sobre él en forma de paloma durante el bautismo en el río Jordán. Jesús realizó sus milagros por el poder del Espíritu Santo. En la Última Cena, Jesús prometió que enviaría al Espíritu Santo a sus discípulos. Cuando los compañeros terrenales de Jesús lo traicionaron y negaron, el Espíritu lo acompañó en el camino hasta la cruz y le dio fuerzas. Y ahí estuvo el Domingo de Resurrección cuando Jesús se levantó lleno de poder.

Es imposible pasar por alto la relación integral de Jesús con el Espíritu Santo. Y este mismo Espíritu Santo es el que nos acompaña a nosotros ahora.

Claro está, es posible que esta mística propuesta le parezca abstracta, trascendente, metafísica e incluso extraña a toda mente racional. Comprendo que tengas muchas preguntas. No podemos ver ni cuantificar el Espíritu, así que ¿cómo podemos saber algo de él? ¿Cómo podemos recibir el Espíritu de Dios? ¿Cómo sabemos cuándo el Espíritu, el Amigo que nos ayuda, está dentro de nosotros para permitirnos amar como Jesús? Es más, ¿qué o quién es el Espíritu Santo? Las preguntas son interminables.

Por eso he dedicado este apéndice a hablar de una serie de estrategias prácticas capaces de dar forma a nuestros corazones y a nuestros hábitos para caminar de forma habitual con el Espíritu, nuestro Amigo, y que podamos acercarnos más a la idea de amar como Jesús. Ese es el hábito más importante que podemos cultivar. Es nuestro hábito clave, el que tendrá un impacto positivo en todas las relaciones que tengamos a partir de ahora.

Voy a decírtelo claramente: si controlas el hábito de dejarte guiar por el Espíritu Santo, prácticamente no tendrás que tomar ninguna decisión sobre cómo ser consciente, accesible, lleno de gracia, atrevido o generoso. Ocurrirán sin que tengas que pensar en ellas. El

Espíritu te ayudará, te guiará y te consolará mientras aprendes a amar como Jesús. Entonces, ¿cómo podemos desarrollar ese «hábito del amor»? La respuesta se encuentra en dos métodos probados: conectar con el Espíritu a diario y conocer su voz.

Conectar a diario con el Espíritu

Un rabino famoso en Israel, en el siglo I, de nombre Akiva pastoreaba a sus rebaños cuando se fijó en un pequeño arroyo que descendía por la colina y caía gota a gota en una enorme roca. A la vista quedaba la marca que el agua había horadado en la superficie de la piedra a lo largo de siglos. Akiva dijo: «Si una gota de agua es capaz de hacerle algo así a una dura roca, ¿qué no podrá hacer la Palabra de Dios en mi corazón de carne?».

El lento pero firme impacto de cada gota, año tras año, había cambiado la forma de la piedra. Lo mismo se puede decir de ti y de mí cuando nos acostumbramos a tener al Espíritu Santo en nuestras vidas, día tras día. No podemos cultivar un hábito clave que nos cambie la vida de la noche a la mañana, sino que es el resultado de una intención diaria, de reflexión y oración, aunque solo sea durante unos minutos. Para vivir una vida llena del Espíritu, tenemos que ser conscientes de

su presencia en nosotros. Debemos meditar sobre la
Palabra de Dios y orar, aunque no sepamos qué oración
decir. Las Escrituras nos dicen que el Espíritu ora por
nosotros cuando nos quedamos sin palabras:

> Así mismo, en nuestra debilidad el Espíritu acude a
> ayudarnos. No sabemos qué pedir, pero el Espíritu
> mismo intercede por nosotros con gemidos que no
> pueden expresarse con palabras. Y Dios, que exa-
> mina los corazones, sabe cuál es la intención del
> Espíritu, porque el Espíritu intercede por los creyen-
> tes conforme a la voluntad de Dios.

Tomarse cada día un momento para leer tranquila-
mente un pasaje de la Biblia y orar una plegaria es como
el agua que cae sobre la roca aparentemente inmutable.
Altera nuestras vidas gradualmente. Da forma a nuestro corazón poco a poco. La meditación diaria introdu-
ce el Espíritu de Dios en nuestra conciencia y despierta
la parte intuitiva de la mente para permitirle escuchar
esa «vocecita».

El propio Jesús recomendaba esta práctica:

> Pero tú, cuando te pongas a orar, entra en tu cuar-
> to, cierra la puerta y ora a tu Padre, que está en lo
> secreto. Así tu Padre, que ve lo que se hace en secre-
> to, te recompensará.

Si quieres oír el corazón de Dios, es esencial encontrar un momento de tranquilidad. La vida es ruidosa. Los sonidos del día a día abarcan todas las frecuencias y es fácil —de hecho, es el camino que ofrece menor resistencia— que no oigamos la voz de Dios. Siempre hay distracciones, incluso cuando escuchamos atentamente nos distraemos. No hace falta que la distracción sea muy grande. «Me distrae de Dios y sus ángeles / el ruido de una mosca», decía el poeta inglés John Donne. Y yo me identifico plenamente con ese sentimiento. Como psicólogo, sé cómo poner en práctica la escucha proactiva con un paciente. En una sesión, sé cómo poner en marcha lo que Theodor Reik llamaba «escuchar con el tercer oído». Pero escuchar atentamente los leves susurros del Espíritu a lo largo del día cuando tantos sonidos reclaman mi atención es realmente difícil. Y sé que es casi imposible si no me dedico un momento, por breve que sea, a orar una oración y ser consciente de que Dios me habla a través de la Palabra.

Al principio de convertirme en creyente, no lo entendía. Pensaba que buscar un momento de tranquilidad cada día era un acto de disciplina —una tarea que tachar de mi lista—, algo con lo que demostrar a Dios mi devoción. Y me resultaba bastante difícil. De hecho, fracasaba muchas veces. ¿Por qué? Porque pasaba por alto el objetivo real. Encontrar un momento para uno se convierte en una temida disciplina si no lo haces para cobrar conciencia real de la voz de Dios. Pero en cuanto comprendes que esos momentos de meditación te ayudan a escuchar la voz del Espíritu con más claridad y cada vez con más frecuencia, la vida cambia. La «vocecita» del Espíritu suena con más fuerza. En poco tiempo no te imaginas cómo podrías vivir un día sin conectar intencionalmente con el Espíritu. «Cada vez que escuchas con atención la voz que te dice hijo amado, descubres en tu interior el deseo de oír esa voz durante más tiempo y más profundamente», dijo Henri Nouwen.

El hecho de dedicar un momento de paz a estar con Dios cada día es lo que deja una huella imborrable en nuestros corazones. Una corriente lenta pero firme de intenciones de cobrar más conciencia del Espíritu día tras día reforma nuestra alma, permitiéndonos así amar un poco más como Jesús.

Conocer la voz del Espíritu

Hace poco, en una visita que hice a Jerusalén, decidí acercarme a Belén, a quince minutos en coche. No es tan sencillo como cubrir la corta distancia entre ambas ciudades, sino que es necesario atravesar una frontera, ya que Belén está bajo control palestino. Mientras esperaba a que los soldados armados revisaran mi pasaporte, fui testigo de una escena muy parecida a la que Jesús presenció dos mil años antes: unos pastores beduinos llevaban a sus rebaños de vuelta a casa después de haber estado pastando fuera todo el día.

Pregunté a mi guía israelí por aquellos pastores actuales y me dijo que los rebaños se reúnen en el mismo lugar para beber cada día al atardecer. Allí todos los animales se mezclan, ocho o nueve rebaños en una convención de ovejas sedientas. Sin embargo, a los pastores no les preocupa que se mezclen. A la hora de volver a casa, cada uno realiza una llamada característica, que puede ser un silbido especial o una llamada con la flauta, y las ovejas de cada rebaño se separan del grupo para seguir a su pastor. Conocen la voz de su pastor y lo siguen solo a él.

Es una analogía más que me ayuda a ilustrar lo que nos ocurre cuando estamos en sintonía con la voz del Espíritu. Se menciona innumerables veces a los pastores en la Biblia, desde el Génesis hasta Apocalipsis. Jesús se llamaba a sí mismo «el buen pastor» y solía referirse a las cualidades de los pastores para enseñar lecciones importantes: «[...] conozco a mis ovejas, y ellas me conocen a mí».

Entonces, ¿cómo podemos reconocer la voz del Espíritu como las ovejas reconocen la de su pastor? Creo que la respuesta se encuentra, en parte, en aclararnos la mente. Debes tener una mente clara si quieres oír la voz de Dios con igual claridad. Es decir, tienes que dejar de pensar tanto y dejarte guiar por la intuición. La palabra «intuición» procede de la palabra latina *intueri*, que quiere decir «contemplar». Ya lo ves, la intuición nace de lo que vemos, de aquello que despierta nuestra sensibilidad o llama nuestra atención. «La [voz] del Espíritu se presenta de las formas más extraordinarias, y si no tienes la sensibilidad suficiente para oírla, la apagarás», dice Oswald Chambers. Así que, si quieres oír la voz de Dios, tienes que aclararte la mente lo suficiente y estar en sintonía con su Espíritu. Entonces oirás el sagrado regalo de los susurros de Dios; entonces es cuando te darás cuenta de que te has acostumbrado a su voz.

Casi puedo oírte preguntar: «¿Y cómo voy a estar tranquilo y en silencio cuando la vida va tan deprisa?». Es una pregunta justa. Dios no espera que nos convirtamos en monjes dedicados a la vida contemplativa para que oigamos su voz. Simplemente nos pide que sintonicemos con su presencia, a pesar del caos de la vida diaria. Estar tranquilo y en silencio no significa retirarse a un lugar remoto. Significa tranquilizar la mente, incluso en medio del caos diario, intentando no tenerlo todo controlado. Significa dejar de preocuparnos tanto por todo. Significa dejar que nuestra mente descanse y que Dios sea Dios. Significa ser consciente del Espíritu y ver las cosas en su contexto general.

«Podemos ignorarla, pero no podemos eludir la presencia de Dios», decía C. S. Lewis. «El mundo está lleno de él. Camina entre nosotros de incógnito». Lewis no habla de jugar a adivinar dónde está Dios, por supuesto. Todo lo contrario. Dios está en todas partes, incluso en los lugares más habituales, cuando tranquilizamos la mente y somos lo bastante conscientes como para fijarnos en ello. Ya ves, la complejidad de nuestra mente racional, con todas esas fechas límite para hacer cosas, preocupaciones, tareas e iniciativas nos mantienen ocupados en todo momento. Nos obligan a centrarnos, casi exclusivamente, en nosotros mismos. Nos impiden levantar la mirada para ver la imagen completa. Y la imagen completa, la historia de todas las historias, es que Dios es Dios.

Probablemente habrás oído el dicho: «Dios existe y no soy yo». A veces, esa es la única oración que nos hace falta para estar en sintonía con la voz del Espíritu.

«Un viaje comienza con un solo paso». Como cliché, este tiene bastante lógica. Después de todo, seguir los pasos de Jesús, amar a los demás como él, es una tarea tremendamente audaz, ¿no te parece? Impone tanto que cuesta dar el primer paso. Por eso me gustaría concluir este apéndice con un mensaje sencillo pero crucial: amar como Jesús requiere que demos un «salto de fe». No hay duda. Requiere que pensemos no solo con la cabeza, sino también con el corazón. Y lo único que te pide a cambio es que des el primer paso. Martin Luther King Jr. lo dijo mejor posiblemente: «Da el primer paso con fe. No hace falta que veas toda la escalera, basta con que subas el primer peldaño».

En lo que respecta a tu relación con los demás, te ruego que des un salto de fe y te dejes guiar por el Espíritu cada día.

RECONOCIMIENTOS

Me siento muy honrado por estar rodeado de gente increíble que han contribuido al mensaje de este libro. En primer lugar, el equipo de Thomas Nelson ha sido de gran apoyo en esta publicación. No puedo expresar suficiente agradecimiento a Brian Hampton, Webster Younce, Joey Paul, Jenny Baumgartner, Brigitta Nortker, Stephanie Tresner y Tiffany Sawyer. Y un agradecimiento especial por mi buen amigo y agente, Sealy Yates, por llevarme a Thomas Nelson (todo lo que dijiste sobre esta relación es cierto).

Keenly Interactive, que incluye a Jason Lehman, Todd Flaming, Jamie Mitchell, Steve Richardson, Melinda Lehman, Becca Holt y Bob Lehman, un equipo muy hábil y apasionado. Ellos han llevado el alcance de este libro a lugares que yo nunca podría. Puede que Steve y Barbara Uhlmann no lo sepan, pero este libro ni siquiera existiría sin su apoyo resuelto.

Lysa TerKeurst, fuiste una guía increíble para nuestra familia cuando fuimos a Jerusalén y sus alrededores para seguir los pasos de Jesús. Revisar contigo el primer borrador de este manuscrito fue verdaderamente ir una milla más. Gracias también a Ron y Katie Robertson y Jim y Joy Zorn. Muchas de las ideas en estas páginas fueron exploradas con ustedes mientras navegábamos a través de islas San Juan juntos. Nuestras conversaciones nocturnas y su firme amistad son una inspiración para mí.

También estoy profundamente agradecido a Brian Mosley y a su equipo de RightNow. Hemos recorrido un largo camino juntos y siempre es un genuino placer. Ashton Owens es el diseñador gráfico a quien siempre acudo, que me ayuda de innumerables maneras con su encantadora personalidad y su pericia increíble. Ranjy Thomas, no sé cómo podría tener una persona alentadora más fuerte y más entusiasta que tú.

Mi equipo de Loveology es simplemente increíble. Un sincero agradecimiento a Ryan Farmer, Halie Simonds, Darin Ault, David Kinney, Jenee Crowther y Michael Gibson. Lo mismo es cierto de mi 5% Club —ustedes saben quiénes son.

RECONOCIMIENTOS

Finalmente, quiero agradecer una vez más a Leslie y a nuestros hijos por todas las horas indescriptibles que sacrificamos mientras escribía «hasta la madrugada». No sé cómo un escritor, un esposo o un padre podría pedir más. A todos de ustedes, gracias infinitas veces.

ACERCA DEL AUTOR

El doctor Les Parrott es un psicólogo y autor primero en la lista de los *best sellers* del *New York Times*. Él y su esposa, la doctora Leslie Parrott, son cofundadores del programa innovador Deep Love Assessment (ver DeepLove.com). Los libros del doctor Parrott han vendido más de tres millones de ejemplares en más de veinte idiomas. Entre ellos se encuentra el título galardonado: *Asegure el éxito en su matrimonio antes de casarse*. El doctor Parrott ha sido objeto de artículos en *USA Today* y *The New York Times*. También ha aparecido en la televisión, en cadenas como la CNN o Fox News, y en los programas *Good Morning America*, *The Today Show*, *The View* y *Oprah*. Para más información visite LesAndLeslie.com.

NOTAS

INTRODUCCIÓN

xvi   «un camino más excelente»: 1 Corintios 12.31, LBLA.

xvii   «La mente es su propio lugar»: John Milton, *Paraíso
       perdido*, libro 1, líneas 254-255.

xviii «Pues como él piensa en su interior, así es él»:
       Proverbios 23.7.

xix   «El pensamiento cristiano es»: Oswald Chambers,
       Christian Disciplines, vol. 1, *The Discipline of Divine
       Guidance*, citado en *The Quotable Oswald Chambers*,
       ed. David McCasland (Grand Rapids: Discovery
       House, 2011), «Thinking», edición libro digital.

xx   «Pero los ojos son ciegos»: Antoine de Saint-Exupéry,
       El principito (Biblioteca digital ILCE, 2016),
       http://bibliotecadigital.ilce.edu.mx/Colecciones/
       ObrasClasicas/_docs/ElPrincipito.pdf). p. 84.

NOTAS

xxii   En el momento en que abrimos: 2 Timoteo 1.7.

xix   «Sean transformados»: Romanos 12.2.

xxvi   El prosigue y dice: Martin Seligman, «Positive Feeling
       and Positive Character», cap. 1 en *Authentic Happiness*
       (Nueva York: Simon & Schuster, 2002), p. 90 [*La
       auténtica felicidad*, (Barcelona: Ediciones B, 2017)].

xxix   «Una vez tuve un cerebro»: L. Frank Baum, *El
       maravilloso mago de Oz* (Biblioteca digital Instituto
       Latinoamericano de la comunicación educativa ILCE,
       p. 55), http://bibliotecadigital.ilce.edu.mx/Colecciones/
       CuentosMas/ElMaravillosoMagoOz_Baum.pdf.

CAPITULO 1: SER CONSCIENTE

2   «el test del gorila invisible»: Dan J. Simons y
    Christopher F. Chabris, «Gorillas in Our Midst:
    Sustained Inattentional Blindness for Dynamic Events»,
    Percepción 28, n.º 9 (1999): pp. 1059-74.

4   El experimento lleva realizándose: Steven B. Most et ál.,
    «How Not to Be Seen: The Contribution of Similarity
    and Selective Ignoring to Sustained Inattentional
    Blindness», *Psychological Science* 12, n.º 1 (enero 2001):
    pp. 9-17.

4   Tecnología que permite observar: Trafton Drew,
    Melissa L. H. Võ y Jeremy M. Wolfe, «The Invisible
    Gorilla Strikes Again: Sustained Inattentional Blindness
    in Expert Observers, *Psychological Science* 24, n.º 9
    (septiembre 2013): pp. 1848-53.

17   «Bajaba un hombre»: Lucas 10.30.

20   «Cuesta buscar»: John Darley y C. Daniel Batson,
     «From Jerusalem to Jericho: A Study of Situational and

Dispositional Variables in Helping Behavior», *Journal of Personality and Social Psychology* 27, n.º 1 (1973): pp. 100-108.

23 «transformados mediante la renovación»: Romanos 12.2.

23 «Se forman dendritas nuevas»: Andrew Newberg y Mark Robert Waldman, *How God Changes Your Brain: Breakthrough Findings from a Leading Neuroscientist* (Nueva York: Ballantine Books, 2010), p. 3.

24 «El que es de Dios escucha lo que Dios dice»: Juan 8.47.

24 «El que se une al Señor»: 1 Corintios 6.17.

24 Y cuando la pregunta se les hace únicamente a pastores: Audrey Barrick, «Survey: Christians Worldwide Too Busy for God», *Christian Post*, 30 julio, 2007, www. christianpost.com/article/20070730/survey-christians-worldwide-too-busy-for-god/index.html.

24 «Quédense quietos»: Salmos 46.10.

25 «Podemos ignorarla»: C.S. Lewis, *Letters to Malcolm: Chiefly on Prayer* (Londres: Geoffrey Bles, 1964; el proyecto Gutenberg, 2016), carta 14, https:// gutenberg.ca/ebooks/lewiscs-letterstomalcolm-lewiscs-letterstomalcolm-00-h.html#chapter14.

26 «La Tierra está colmada del Cielo»: Elizabeth Barrett Browning, *Aurora Leigh* (Londres: Chapman and Hall, 1857), p. 304, archive.org, https://archive.org/details/auroraleigh00browrich.

26 «Si a alguno de ustedes le falta»: Santiago 1.5.

26 «sabiduría»: https://www.delcastellano.com/raiz-indoeuropea-ver/.

CAPITULO 2: SER ACCESIBLE

32 Estrategia sorpredentemente simple, llamada Cyberball: Kipling D. Williams y Lisa Zadro, «Ostracism: On Being Ignored, Excluded, and Rejected», en *Interpersonal Rejection,* ed. Mark R. Leary (Nueva York: Oxford University Press, 2001), pp. 21-53.

32 las mismas dos regiones: Kipling D. Williams y Steve A. Nida, «Ostracism: Consequences and Coping», *Current Directions in Psychological Science* 20, n.º 2 (abril 2011): p. 71.

35 setenta y cinco por ciento de los participantes: Solomon E. Asch, «Opinions and Social Pressure (1955), en *Readings About the Social Animal,* eds. Joshua Aronson y Elliot Aronson, 11.ª ed. (Nueva York: Worth, 2011), pp. 17-26, edición Kindle.

41 «Tu fe te ha salvado»: Lucas 7.36-50.

42 «Dejen que los niños vengan a mí»: Mateo 19.14.

45 «Por favor, acepten mi dimisión»: Groucho Marx, *Groucho and Me* (1959; Cambridge, MA: Da Capo Press, 1995), p. 320.

46 «Porque, Michelis», Nikos Kazantzakis, *Christ Recrucified* (Oxford, Bruno Cassirer, 1966), pp. 186-87.

46 «El mayor orgullo de un hombre»: C. S. Lewis, «Christianity and Culture» en *Christian Reflections* (Grand Rapids, Eerdmans, 2014), p. 16.

47 «Dos hombres [...] subieron al templo»: Lucas 18.11-14.

52 Rembrandt no es el único: Lucas 15; la historia era más acerca del amor del padre que de la mala conducta del pródigo.

52 «la flor y nata de»: William R. Nicoll, «Lost and Found», en *Expositor's Bible Commentary,* cap. 21,

comentario sobre Lucas 15, https://www.studylight. org/commentaries/teb/luke-15.html.

52 «Este hombre recibe a los pecadores»: Lucas 15.2.

53 «Todavía estaba lejos»: Lucas 15.20.

54 «Acabas de romper los lazos»: Kenneth E. Bailey, *The Cross & the Prodigal*, 2.ª ed. (Downers Grove, IL: InterVarsity Press, 2005), p. 52.

57 «Ni aun el Hijo del hombre vino para que le sirvan»: Marcos 10.45.

57 «Cada uno debe velar no solo por sus propios intereses»: Filipenses 2.4.

57 «Pero yo les digo: Amen a sus enemigos», Mateo 5.44.

58 «Si alguien te pega en una mejilla»: Lucas 6.28-30.

58 «[Dios] hace que salga el sol sobre». Mateo: 5.45-47.

59 «La oración no cambia a Dios» Mateo 7.12.

61 «háganles bien y denles prestado sin esperar nada a cambio»: Lucas 6:35, 36.

CAPÍTULO 3: SER LLENO DE GRACIA

68 «La compasión le dio... al hijo pródigo»: Max Lucado (@MaxLucado), publicado en Twitter, 17 enero, 2011, 7:19 a.m., https://twitter.com/maxlucado/ status/27022300356284416?lang=en.

69 «La risa es lo más cercano»: Citado en Robert I. Fitzhenry, *The Harper Book of Quotations*, 3.ª ed. (Nueva York: Collins Reference, 2005), p. 223.

69 Jesus lo modeló una y otra vez: Juan 8:2-11.

72 «Cristo nos acepta como somos»: Walter Trobisch, *Love Yourself* (Downers gove, IL: InterVarsity Press, 1976), p. 26 [Ámate a ti mismo (Downers Grove, IL: Ediciones Certeza, 1983)].

72 «Jesus no identificaba»: Thielicke, *How the World Began*, p. 62.

75 «No te preocupes, lo haré»: Paráfrasis de Lucas 23.34-43.

78 «personas incompetentes no saben»: Justin Kruger y David Dunning, «Unskilled and Unaware of It: How Difficulties in Recognizing One's Own Incompetence Can Lead to Inflated Self-Assessments», *Journal of Personality and Social Psychology* 77, n.º 6 (1999): pp. 1121-34.

79 *sesgo de negatividad*: Carey K. Morewedge, «Negativity Bias in Attribution of External Agency», *Journal of Experimental Psychology: General* 138, n.º 4 (2009): pp. 535-45.

80 «*Necesitamos* encontrar fallos a los demás»: Terry D. Cooper, *Making Judgments Without Being Judgmental* (Downer Grove, IL: IVP Books, 2006), p. 23.

80 «No juzgues a nadie»: Mateo 7.1.

81 «Es inusual encontrar a la persona»: Lars Wihelmson, *Vital Christianity* (Torrance, CA; Martin Press, 1982), p. 60.

81 «Jamás te negaré»: Mateo 26.35.

86 «lo hemos dejado todo»: Mateo 19.27.

87 «Amigo, no he cometido ninguna injusticia contigo»: Mateo 20.8-15.

87 En otra parábola, Jesús: Mateo 13.24-30.

88 «No juzguen a nadie»: Mateo 7.1-5.

93 «Pero a quien poco se le perdona, poco ama», Lucas 7.47.

94 «Ser cristiano significa»: C. S. Lewis, *El peso de la gloria* (Nashville, TN: HarperCollins Español, 2016), p. 178.

94   «Lo que sí recuerdo»: William Eleazar Barton, *The Life of Clara Barton: Founder of the American Red Cross*, vol. 2 (Boston: Houghton Mifflin, 1922), p. 345.

94   «La curiosidad tiene su propia razón»: Einstein a William Miller en la revista *Life*, citado en Alice Calaprice, ed., *The Ultimate Quotable Einstein* (Princeton: Princeton University Press, 2011), p. 425.

97   «Para ser propensos a»: Rabbi Shlomo Carlebach en conversación con Bo Lozoff en el libro *It's a Meaningful Life: It Just Takes Practice* de Lozoff (Nueva York: Penguin, 2001), capítulo 1, edición digital.

CAPÍTULO 4: SER ATREVIDO

100   *ignorancia pluralista*: H. J. O'Gorman, «The Discovery of Pluralistic Ignorance: An Ironic Lesson», *Journal of the History of the Behavioral Sciences* 22, n.º 4 (1986): pp. 333-47.

105   «Cuelan el mosquito», Mateo 23.24.

105   «Ay de ustedes, maestros de la ley y fariseos»: Mateo 23.23, 24.

105   «Limpian el vaso y el plato por fuera». Lucas 11.39.

105   «cuando des a los necesitados»: Mateo 6.2-6.

110   saben que es uno de ellos: Mateo 21.12-14.

110   Para sacarlo de su error: Mateo 8.18-22.

110   «Deberías imitar a tu hermana: Lucas 10.38-42.

114   «Tenemos un problema», Lucas 6.26

115   «En general todo está enmascarado»: Anne Lamott, *Traveling Mercies: Some Thought on Faith* (Nueva York: Anchor Books, 2000), p. 215.

120   «Si tu hermano peca contra ti», Mateo 18.15.

121 «Si estás presentando tu ofrenda en el altar»: Mateo
5.23, 24.

121 «Llega a un acuerdo con él lo más pronto posible»
Mateo 5.25.

121 «díselo a la iglesia»: Mateo 18.17.

121 «Fieles son las heridas del amigo»: Proverbios 27.6.

122 «No faltes a tu juramento»: Mateo 5.33-37.

122 un hombre llamado Natanael: Juan 1.43-51.

122 «Aquí tienen a un verdadero Israelita»: John 1.47.

123 «Ser real no consiste en cómo estás hecho»: Margery
Williams, *The Velveteen Rabbit* (Garden City, NY:
Doubleday, 1922; Project Gutenberg, 2004), http://
www.gutenberg.org/files/11757/11757-h/11757-h.htm.

125 «Y comprendió que el relleno estaba»: Ibíd.

125 «Amar es ser vulnerable»: C. S. Lewis, *Los cuatro
amores*, Editorial Rayo, 2006 1ª. impresión.

127 el grupo al que Jesús criticó más seguido: Mateo
22.15-22.

128 «convertir las heridas en»: Henri Nouwen, *The
Wounded Healer: Ministry in Contemporary Society*
(1972; Nueva York: Doubleday, 1979), p. 88
[*El sanador herido* (Madrid: PPC, 2015)].

129 «Enfréntate a esa persona» Mateo 18.17.

CAPITULO 5: SER GENEROSO

132 «Estoy bien. Tú eres el egoísta »: Andrew J. Cherlin,
«I'm O.K., You're Selfish», *New York Times*, 1999,
https://partners.nytimes.com/library/magazine/
millennium/m5/poll-cherlin.html.

133 «el que renuncie a su propia vida»: Mateo 10.39.

134 «Las personas egoístas son, por definición»: Bernard Rimland, «The Altruism Paradox», *Psychological Reports* 51, n.º 2 (1982): pp. 521-22, http://dx.doi. org/10.2466/pr0.1982.51.2.521.

135 «El que se aferre a su propia vida»: Mateo 10.39.

135 *«puntos calientes»*: David Clewett et ál., «Noradrenergic Mechanisms of Arousal's Bidirectional Effects on Episodic Memory», Neurobiology of Learning and Memory 137 (2017): pp. 1-14.

138 «Hagan esto en memoria de mí»: Lucas 22.19.

139 «hijos del trueno»: Marcos 3.16, 17.

141 «el Hijo del Hombre»: Mateo 20.28.

142 en aquella última cena: Lucas 22.24-30.

144 Por favor ver comentario para más información.

144 Los investigadores pidieron a los habitantes de una zona rural: Juan Camilo Cardenas, John Stranlund, y Cleve Willis, «Local Environmental Control and Institutional Crowding Out», *World Development* 28, n.º 10 (2000): pp. 1719-33.

152 «Pregúntate a ti mismo qué quieres»: Mateo 7.12.

152 «Traten a los demás tal y como quieren que ellos los traten a ustedes»: Lucas 6.31.

153 «Ama al prójimo como a ti mismo»: Mateo 22.39.

153 «No impongas a otro lo que no elegirías para ti mismo»: Confucio, *Las analectas* 15:23, ver comentarios para más información.

153 «No hagas a los demás lo que te dolería que te hicieran a ti»: *Mahabharata* 5:1517.

153 «No hieras a los otros de una forma»: *Ud navarga* 5:18.

NOTAS

158 «Vivir felizmente es un poder interno de la mente»: *The Meditations of Marcus Aurelius Antonius the Roman Emperor*, trad. Meric Casaubon (Londres: A. y John Churchill; Sam. Smith y Tho. Bennet, 1692), libro 11, sección 15.

159 «si entrego mi cuerpo»: 1 Corintios 13.3.

159 «Segundo violín»: James S. Hewett, ed., *Illustrations Unlimited* (Wheaton, IL: Tyndale, 1988), p. 450.

159 «El amor debe ser sincero»: Romanos 12.9, 10.

CONCLUSIÓN

165 «Si alguien afirma»: 1 Juan 4.20.

168 «Sabemos la verdad»: Blaise Pascal, *Pascal's Pensées* (1670; Nueva York: Dutton, 1958), p. 258.

169 Cristo vive en ti: 1 Juan 4.15.

169 «he muerto a la ley»: Gálatas 2.19-21.

169 «el misterio que se ha mantenido oculto»: Colosenses 1.27.

169 «Sean transformados»: Romanos 12.2

170 «Pero cuando venga el Espíritu de la verdad» Juan 16.13.

171 desarrolló una estructura de amistad: Philip Moeller, «Why Good Friends make you Happy», *Huffington Post*, 15 marzo 2012, https://www.huffingtonpost.com/2012/03/15/friendship-happiness_n_1348648.html.

172 «amistades basadas en el carácter»: Richard Kraut, «Aristotle's Ethics», en *Stanford Encyclopedia of Philosophy*, ed. Edward N. Zalta, Universidad de Stanford, artículo publicado 1 mayo 2001, revisado 21 abril, 2014, https://plato.stanford.edu/entries/aristotle-ethics/.

172 Y a eso se refiere Jesús cuando habla: Juan 14.16;
      15.26; 16.7.
172 «Espíritu de sabiduría»: Isaías 11.2.
172 «Espíritu de consuelo»: Juan 14.16.
172 «Espíritu de la gracia»: Hebreos 10.29.
172 «Espíritu de poder»: Isaías 11.2.
172 «Espíritu de Dios»: 1 Corintios 2.11.
176 «Terminaron haciendo análisis»: Antoine Bechara,
      «Decision Making, Impulse Control and Loss
      of Willpower to Resist Drugs: A Neurocognitive
      Perspective», *Nature Neuroscience* 8, n.º 11 (2005):
      pp. 1458-63.
177 «Andemos guiados por el Espíritu»: Gálatas 5.25.
177 «Si el Espíritu nos da vida»: Gálatas 5.25, 26.
179 «si ustedes me aman»: Juan 14.15.
179 «Así mismo, en nuestra debilidad»: Romanos 8.26, 27.
180 «Pero, cuando venga el Espíritu de la verdad»: Juan
      16.13.
180 «Al que puede hacer muchísimo más»: Efesios 3.20.
181 «Porque somos hechura de Dios»: Efesios 2.8-10.
181 «el fruto del Espíritu»: Gálatas 5.22-24.
182 «Sin embargo, ustedes no viven según la naturaleza
      pecaminosa, sino según el Espíritu»: Romanos 8.9-11.
184 «Permanezcan en mí»: Juan 15.4, 5.

APÉNDICE

188 «hábitos clave»: Charles Duhigg, The Power of Habit:
      Why We Do What We Do in Life and Business (Nueva
      York: Random House, 2012) [El poder de los hábitos
      (Barcelona, Books4pocket, 2015)].

189   cuarenta por ciento de nuestros actos diarios: Bas
Verplanken y Wendy Wood, «Interventions to Break
and Create Consumer Habits», Journal of Public Policy
and Marketing 25 (2006): pp. 90-103; Ver también
David T. Neal, Wendy Wood y Jeffrey M. Quinn,
«Habits—A Repeat Performance», Current Directions
in Psychological Science 15, n.0 4 (2006): pp. 198-202.

194   en el momento de la creación: Génesis 1.2.

194   Jesús fue concebido: Lucas 1.35.

194   descendió sobre él en forma de paloma: Lucas 3.22.

194   Jesús realizó sus milagros: Lucas 4.14-19.

194   Jesús prometió que enviaría: Juan 14.26

194   Cuando los compañeros terrenales: Marcos 14.50.

195   Y [el Espíritu] ahí estuvo: Romanos 1.4

195   el Amigo que nos ayuda: Juan 14.26.

196   «Si una gota de agua es capaz»: Lois Tverberg,
Walking in the Dust of Rabbi Jesus (Grand Rapids:
Zondervan, 2012), p. 152.

197   «En nuestra debilidad» Romanos 8.26-28.

197   «Pero tú, cuando te pongas a orar»: Mateo 6.6

198   «Me distrae de Dios y sus ángeles»: John Donne, John
Donne: The Works of John Donne: Sermons. Devotions
upon Emergent Occasions, vol. 3 (Londres: John W.
Parker, 1839), sermón LXXX, p. 477.

198   «escuchar con el tercer oído»: Theodor Reik, Listening
with the Third Ear: The Inner Experience of a
Psychoanalyst (Nueva York: Grove Press, 1948).

199   conectar intencionalmente con el Espíritu: Mark
Batterson, Whisper: How to Hear the Voice of God
(Nueva York: Crown Publishing, 2017).

199 «Cada vez que escuchas con atención»: Henri J. M.
Nouwen, Life of the Beloved: Spiritual Living in a
Secular World (Nueva York: Crossroad Publishing,
2002), p. 37 [Tu eres mi amado (Madrid: PPC, 2003)].

200 Se menciona innumerables veces a los pastores:
Génesis 4.2; Apocalipsis 12.5.

200 «Conozco a mis ovejas»: Juan 10.14.

201 «La [voz] del Espíritu se presenta»: Oswald Chambers,
My Utmost for His Highest: The Classic Daily
Devotional (1963; Uhrichsville, Ohio: Barbour Books,
2015), lectura para el 13 de agosto.

202 «Podemos ignorarla»: C. S. Lewis, Letters to Malcolm:
Chiefly on Prayer (San Diego: Harvest, 1964).

202 «Dar el primer paso con fe»: Citado por Marian
Wright Edelman en «Kids First!» Mother Jones, mayo
1991, pp. 77.